당신이 꿈꾸던 스페인의 스페인

스페인 남부,
안달루시아
건축 산책

글·사진
—
이미량 · Jesús Cano Henares

J & jj
제이앤제이제이

당신이 꿈꾸던 스페인의 스페인

스페인 남부,
안달루시아 건축 산책

| 만든 사람들 |
기획 인문·예술기획부 | **진행** 한윤지 | **집필** 이미량·Jesús Cano Henares |
편집·표지디자인 김진·D.J.I books design studio

| 책 내용 문의 |
도서 내용에 대해 궁금한 사항이 있으시면
저자의 홈페이지나 J&jj 홈페이지의 게시판을 통해서 해결하실 수 있습니다.
제이앤제이제이 홈페이지 jnjj.co.kr
디지털북스 페이스북 facebook.com/ithinkbook
디지털북스 인스타그램 instagram.com/digitalbooks1999
디지털북스 유튜브 유튜브에서 [디지털북스] 검색
디지털북스 이메일 djibooks@naver.com
저자 이메일 lmrg@naver.com

| 각종 문의 |
영업관련 dji_digitalbooks@naver.com
기획관련 djibooks@naver.com
전화번호 (02) 447-3157~8

당신이 꿈꾸던 스페인의 스페인

스페인 남부,
안달루시아
건축 산책

글·사진
—
이미량 · Jesús Cano Henares

Contents

Part 1_ 천의 얼굴 그라나다

01	도시 산책	… 14
	유럽에서 가장 아름다운 길	… 17
	그라나다의 카톨릭 지구	… 19
02	왕궁도시 알함브라	… 24
	나사리 궁전	… 26
	헤네랄리페	… 40
	알카사바	… 45
	카를로스 5세 궁전	… 46
03	아랍지구 알바이신과 집시구역 사크로몬떼	… 50
04	그라나다 근교	… 57
	땅과 혼연일체의 도시 구아딕스	… 57
	시에라네바다의 두 얼굴	… 65

Part 2_ 하엔, 올리브 바다

01	하엔	… 79
02	르네상스 도시, 바에싸와 우베다	… 87
03	시에라 데 세구라	…101
	음악과 시의 마을 세구라	…101
	라스 아세베아스(호랑가시나무 숲) 트래킹	…108

Part 3_ 문화의 교차로 코르도바

01	유일무이의 대성당 메스키타	…117
02	세계 문화 유산 도시 산책	…128
03	카톨릭 왕궁, 왕립 말구유와 중정	…140
04	코르도바 인근 마을	…145
	쑤에로스	…145
	프리에고 데 코르도바	…149
	이쓰나하르	…155

Part 4_ **히랄다의 그늘 세비야**

01   대성당들의 대성당   ··· 161
02   구시가지 산책   ··· 176
03   세비야 왕궁 레알 알카사레스   ··· 183
04   플라멩코의 심장을 찾아 가는 길   ··· 196
05   과달키비르강 건너편   ··· 200
06   세비야 근교   ··· 206
     카르모나, 왕의 피난처   ··· 206
     고대 로마 도시 이탈리카   ··· 213

Part 5_ **지중해와 대서양의 교차로 카디스**

01   카디스 산책   ··· 221
     카디스 속 페니키아   ··· 228
02   카디스 근교   ··· 235
     산 루카르   ··· 235
     도냐나 습지   ··· 239
     헤레스 데 라 프론테라, 와인과 플라멩코의 도시   ··· 241
     카디스 산간지역의 작은 마을, 아르코스 데 라 프론테라   ··· 248

Part 6_ **말라가, 태양과 풍경 그리고 문화**

01   도시 말라가   ··· 257
     박물관 탐방   ··· 257
     바닷가 도시 산책   ··· 263
02   말라가 인근   ··· 270
     프리힐리아나, 하늘과 바다 사이   ··· 270
     유럽의 발코니, 네르하   ··· 277
03   왕의 오솔길, 까미니또 델 레이   ··· 280
04   거대한 바위도시 론다   ··· 285

01   [천의 얼굴 그라나다   ]

[낙원에 당도하다.]

그라나다는 진입하는 길부터 이미 아름답다. 도로 양 옆으로 드넓게 펼쳐진 비옥한 평야에 다양한 작물들이 자라는 모습은 아름답고 평화롭다. 유유히 흐르는 헤닐강, 그로부터 이슬람 시대에 건설되어 천년을 흐르는 관개 시스템은 저 넓은 밭 사이사이를 적셔 풍요로운 농작물 길러내고 있다. 이 아름다운 평야가 끝나는 지점에 배경처럼 그라나다가 보인다. 왼편으로는 알바이신 언덕이, 오른쪽으로는 알함브라가 우뚝 솟아있고 그 사이에 도시 그라나다가 자리잡고 있다. 그런가 하면 도시 위 지붕처럼 보이는 시에라네바다에 시선이 머문다. 전해지는 이야기에 따르면 714년, 거의 3,500m를 솟아 오른 거대한 산맥 시에라네바다를 처음 발견한 아랍인들은 자신들이 파라다이스에 도착했다고 믿었다고 한다. 또는 두 번째 다마스커스라고 생각했다고도 한다. 당시 이슬람 제국의 수도가 다마스커스였다.

아스파라거스, 옥수수, 감자, 양파, 올리브 나무 등이 자라는 들판 곳곳에 나무 판자 또는 구멍이 숭숭 뚫린 벽돌로 지어진 단순한 건축물이 궁금증을 자아낸다. 사실 이곳은 최근까지 담배농사를 대대적으로 짓던 지역이라 그 건조장으로 사용되었던 건물들이다. 지금은 수익성 부족으로 재배가 중단되었고 양떼나 염소 등의 우리로 사용되거나 농기구를 저장하는 용도로 사용되며 독특한 들판 풍경의 일부로 남아 있다.

무슬림 통치하에 거의 8세기를 보낸 후, 그라나다는 1492년 카톨릭 세력에 의해 정복되었다. 500년 이상이 지난 지금은 안달루시아의 주요 대학이 있고 높은 수준의 문화생활이 가능한 현대적인 도시가 되었다. 수도와 도시 벨트의 크기는 약 1,000평방 킬로미터를 차지하며 인구는 55만 명을 넘어섰다.

　자 그럼 그라나다에 도착했으니 일단 숙소에 짐을 풀고 여행자의 설렘을 한껏 품고 거리로 나서자. 그라나다 여행지의 중심 누에바 광장에서 시작하는 것이 좋겠다. 왼편으로 보이는 많은 골목 중 아무 골목이든 선택해 구불구불 따라가면 아랍 지구인 알바이신으로 이어지고, 오른쪽으로 고메레스 언덕길을 지나 이어지는 울창한 숲을 걷다보면 알함브라 궁전에 다다른다. 방향을 바꿔 시내 중심으로 향하면 넓고 아름다운 빕람블라 광장, 대성당 그리고 쇼핑거리가 이어진다.

　우선 누에바 광장을 둘러보면 가느다란 종탑이 모스크의 미나렛을 연상시키는 산타아나(16세기) 성당이 눈에 띈다. 유럽의 일반적인 성당의 이미지와

는 전혀 다른 모습이지만, 1492년 카톨릭 세력이 아랍왕국 그라나다를 정복한 후 이전에 있던 이슬람사원이 철거되고 그 자리에 세워진 성당이라 이상할 것도 없다. 게다가 건축한 사람들도 무데하르이다. 무데하르란 카톨릭 영토에 남아 생활하고 일함으로써 새로운 예술 건축양식인 무데하르 양식을 창조한 무슬림을 일컫는 말이다.

무데하르

무데하르는 아메리카 식민지에서 발견되기도 하지만 스페인의 전형적인 건축예술 양식이다. 12세기 스페인 북부에서 시작되어 17세기까지 5백여 년에 걸쳐 전국으로 퍼져 나갔다. 성채 및 성벽, 궁전, 성당에 이르기까지 기독교 건축물에 이슬람 건축 양식 및 장식 기술을 구사한 것이다. 기본적으로 로마네스크, 고딕 및 르네상스와 같은 다양한 기독교 건축 양식과 접목하며 그 독창성이 완성되었다. 주요 특징은 기하학적 디자인의 목재 천장, 식물을 형상화 한 석고 패널, 벽돌, 색유리 등을 사용한 장식 및 아치의 사용이다. 그라나다의 거의 모든 성당은 무데하르 양식이다. 이것이 그라나다가 특히 이슬람 색채가 짙은 이유다. 무데하르 양식은 그라나다의 산타아나 성당과 같이 안달루시아 전역에서 광범위한 발전을 이루었지만 가장 아름다운 무데하르 양식 건물은 스페인 북동부 아라곤 지방에서 볼 수 있는데, 유네스코 문화유산으로 지정되어있다.

이 성당 위로는 천하를 호령했던 옛 여왕처럼 도시를 내려다 보는 벨라의 탑이 보인다. 일단은 알함브라 성벽 뒤에 숨겨진 경이로움의 징조일 뿐이라고 해두자.

산타아나 성당 앞에는 르네상스 시대의 궁전인 레알 찬치예리아가 있는데, 유려한 선으로 이어진 이 견고한 건축물은 현재까지 스페인 남부에서 가장 큰 권위를 가진 중요한 법원으로 그 위용을 자랑한다.

가장 아름다운 무데하르 양식의 건축물로 대표되는 테루엘 지역의 토레 데 산 마르틴

유럽에서 가장 아름다운 길

누에바 광장을 지나 카레라 델 다로(다로 강변길)를 걸어보자. 옆으로는 누에바 광장 지하로 이어지는 다로강을 끼고 걷는 이 길은 유럽에서 가장 아름다운 산책로 중 하나로 선정되었다. 중세 분위기 물씬 풍기는 이 길을 따라 이어진 알함브라의 웅장한 성벽은 안쪽의 궁전과 벽 아래 빼곡히 들어찬 하얀 집들을 갈라놓고 있다. 수백 년 된 작은 다리 세 개가 강 위에 떠 있고 그중 하나의 옆에 도시에서 가장 오래된 건물 중 하나인 11세기에 건축된 작은 아랍 목욕탕이 있다. 그 앞에는 카디 타워의 일부가 남아 있는데 오염된 강을 청소하는 데 사용된 문이었다고 하지만 지금은 아치 형태만 남아 있을 뿐이다. 조금 더 걷다보면 르네상스 궁전 까사 데 까스트릴이 나타나는데 소액의 입장료를 지불해야 하는 그라나다 고고학 박물관이다. 참고로 스페인과 EU의 대부분의 박물관은 월요일에 휴관이므로 미리 검토하여 일정을 조정하여야 한다.

이 건물에서 가장 주목할 점은 오래된 전설이 깃들어 있는 특이한 모양의 모퉁이와 지붕이 있는 발코니이다. 이 발코니에는 영주의 고귀한 딸과 신분이 낮은 한 청년의 비극적인 사랑 이야기가 전해져 온다. 두 연인의 금단의 사랑은 영주의 분노로 산산조각이 나게 되는데 그들의 연애를 알게 된 영주는 청년을 발코니에 매달고 그 벽 뒤에 딸을 가둬 죽게 했다. 그 이후로 흰색의 신비한 여인의 유령이 궁전을 떠돌았다고 한다.

옛 이야기를 감상하며 걷다 보면 알함브라의 전망이 한눈에 펼쳐지는 아름다운 광장 '빠세오 데 로스 트리스테(Paseo de los tristes 슬픔의 길)'가 나온다. 도심으로 돌아가기 전에 광장에 넓게 자리한 테라스 한 켠에 앉아 커피 한 잔의 여유와 함께, 올려다 보이는 알함브라를 감상하기 딱 좋은 곳이다.

by www.turgranada.es

그라나다의 카톨릭 지구

다시 누에바 광장으로 돌아와 반대 편 시내 중심 방향으로 잠시 걸으면 이사벨 라 카톨리카(Isabel la Catolica) 광장에 도착한다. 카톨릭 군주인 카스티야의 이사벨 여왕은 남편인 페르난도 데 아라곤과 함께 1492년 1월 아랍왕국을 정복함으로써 거의 8세기 동안 지속된 이베리아 반도의 무슬림 통치를 종식시키고 마침내 카톨릭 국가를 완성했다. 이 광장에 있는 조각 앙상블은 그 역사적 순간을 표현한 것은 아니다. 그로부터 4개월 후에 일어난 또 다른 중요한 역사의 순간을 이야기 하고 있다. 이 조각상의 왕좌에 앉아 있는 여왕은 그라나다의 한 작은 마을 산타페에서 크리스토퍼 콜럼버스를 영접하고 있다. 그가 수행하고자 했던 위대한 사업을 여왕이 지원함으로써 세계 역사의 획기적인 변혁이 시작되었다고 할 수 있다.

인접한 거리 까예 레예스 카톨리코스를 따라 좀 더 내려가면 알함브라와 동시대에 세워진 14세기 건축물인 꼬랄 데 카르본을 방문할 수 있다. 아름다운 아랍식 문 안쪽에 있는 중정이 벽돌과 돌로 이루어진 바닥과 나무 천장, 돌기둥으로 둘러싸여 있는 2층 건물이다. 이슬람 시대에 상인들의 숙소였는데 판매할 상품 및 말이나 당나귀 등 동물들을 동시에 수용할 수 있었다. 기독교 정복 후 초기에는 석탄 공장으로 사용되었는데 꼬랄 데 카르본이라는 이름이 바로 석탄 공장이란 뜻이다. 시간이 지나면서 안뜰에 무대를 설치하고 주변 회랑이 관중석인 극장으로 사용하다가 현재는 작은 콘서트장으로 활용되고 있다.

꼬랄 데 카르본 by www.turgranada.es

꼬랄 데 카르본에서 나와 길 건너편에는 귀족들을 위한 아랍 시장이었던 알카이세리아가 위치하고 있다. 원래 알카이세리아는 19세기에 끔찍한 화재로 사라졌지만 빠르게 재건되었다. 화재 후 살아 남은 시장 골목의 골격을 원형 그대로 살려 재건하고 상점들이 다시 들어 섰다. 비록 원래 시장은 아니지만 여행자들은 이 골목 곳곳의 풍경과 기념품을 구경하며 천일야화의 한 장면을 떠올리지 않을까.

알카이세리아가 상류사회를 위한 시장이었다면 빕람블라 광장은 얼마 전까지만 해도 평범한 농산물 시장이었다. 이 광장은 그라나다를 찾는 관광객 뿐 아니라 현지인들도 가족 단위로 많이 찾는 매력적인 곳이다. 다양한 종류의 상점이 광장을 둘러싸고 있으며 중앙에는 그리스 신화에서 영감을 받은 조각과 함께 분수대가 있다. 스페인에서 그라나다 사람들을 통칭해 '말라포야스'라고

알카이세리아 by www.turgranada.es

부르는데, 무뚝뚝한 사람 또는 유머가 없는 사람이란 의미이다. 그라나다 사람들은 그 평판에 그닥 불만이 있는 것 같지 않다. 오히려 잃어버린 과거의 영광을 갈망하는 강한 성격으로 유명하다는 의미로 받아들이며 내심 자랑스럽게 생각한다고 한다. 이슬람 왕국이 무너진 후, 이 도시는 현재까지 계속되는 기나긴 쇠퇴의 세월을 겪어왔다. 근자에 와서 관광산업은 다시 그라나다에 희망을 가져오고 있고, 고마운 관광객을 상대로 대부분의 현지인들은 기꺼이 자신들의 고약한 특성을 접어두고 친절함을 장착한다.

이 광장 뒤쪽으로 구 이슬람 중앙사원이 있던 자리에 세워진 그라나다 대성당의 탑이 보인다. 오래된 건물들 사이 좁은 골목을 지나면 갑자기 툭 튀어나오는 그라나다 대성당을 발견한 관광객들은 탄성을 지르게 된다. 당초 설계할 당시는 양쪽 두개의 종탑으로 설계되었으나 예산 부족으로 왼쪽 하나의 종탑만 세워졌고 미완성인 채로 남아 있다. 기본적으로는 르네상스 양식으로 볼 수 있지만 정면 외관은 바로크 양식(1664, 152p 참고), 오른쪽 측면과 내부의 일부는 16세기의 후기 고딕 양식(165p 참고)이다.

by www.turgranada.es

대성당의 오른쪽 측면에 붙어 있는 까삐야 레알은 카톨릭 군주 부부와 그들의 몇몇 친척들이 잠들어 있는 왕실 예배당이다. 내부에는 왕가의 무덤 외에도 1519년에 제작된 다채로운 문양의 웅장한 철제 울타리가 있고 보티첼리를 포함한 이사벨 여왕의 그림 컬렉션도 눈에 띈다. 이사벨 여왕은 이동하는 곳마다, 심지어 전장에 나갈 때조차 보티첼리의 그림과 함께 했다고 할 만큼 보티첼리의 그림을 사랑했다고 한다.

까삐야 레알 by www.andalusiansoul.es

관광객들과 현지인들이 뒤섞여 시끌벅적하게 와인과 타파스를 즐기는 바와 레스토랑, 화려한 상점들이 가득한 거리를 느긋하게 즐겨보자. 스페인산 질 좋은 신발이나 다양한 패션 상품은 굳이 언급하지 않겠지만 만일 쇼핑을 원한다면 도시의 상업 중심지가 바로 인접해 있다는 사실도 염두에 두자.

왕궁도시 알함브라

by turgranada.es

누에바 광장에서 작은 호텔과 기념품점들이 자리 잡고 있는 고메레즈 언덕을 오르다 보면 그 끝에 석재 건축의 문이 나타난다. 그라나다의 진주 알함브라의 정문이다. 이 문은 이슬람 당시의 것은 아니다. 문을 들어서면 느릅나무가 주종을 이루는 울창한 숲으로 이어지고, 숲길 왼쪽으로 경사면을 따라 성벽이 이어져 있다. 언덕길 중간쯤에서 동상 하나를 발견하게 되는데 "알함브라 궁전의 이야기"라는 작품을 통해 알함브라를 전 세계에 알린 미국의 작가 워싱턴 어빙의 동상이다. 오르막 끝 벽면에 또 다른 석재 구조물이 우리를 맞이하는데 이 분수대는 르네상스 양식으로 가톨릭 군주의 손자인 카를로스 5세 황제가 방금 지나온 문과 함께 건축했다. 분수 위로 높게 세워진 '정의의 문'은 알함브라의 많은 미스테리 중 하나를 품고 있다. 자세히 살펴보면 바깥 쪽 아치 위에 흰 대리석 판에 손 문양이 새겨져 있고 안쪽 아치 위에는 열쇠 문양이 새겨져 있다. 전설에 따르면 그 손이 열쇠를 잡으면 알함브라는 파괴될 것이며, 이는 큰 지진으로 이어질 거라 한다. 두 문양 중간의 작은 마리아 상은 그라나다의 몰락으로 스페인에서 이슬람이 완전히 패배했다는 의미로, 카톨릭 군주들이 추가한 거라 한다.

by turgranada.es

팁 : 알함브라는 안달루시아에서 관광객들이 가장 많이 방문하는 곳이며 스페인에서는 바르셀로나의 사그라다 파밀리아 성당에 이어 두 번째로 많이 방문하는 곳이다. 이곳을 방문하기 위해서는 알함브라의 공식 웹 사이트 tickets.alhambra-patronato.es에서 미리 티켓을 구입하는 것이 좋다. 나사리 궁전, 헤네랄리페, 알카사바 등의 유료 구역 세 영역과 무료 구역인 카를로스 5세 궁전으로 구성되어 있다. 입구는 두 개로 나사리 궁전, 알카사바, 카를로스 5세 궁전은 정의의 문을 거쳐 입장하면 가깝고, 헤네랄리페는 주차장과 매표소 쪽 입구를 통해 들어가면 좋다.
중요 팁 : 가장 흥미로운 지역인 나사리 궁전의 입장 시간은 반드시 지켜야 한다. 그 외 지역은 시간이 정해져 있지 않으므로 시간을 잘 조절해 관람하면 된다.

나사리 궁전

들어가기 전에 잠시 멈춰 다로강 건너편에 있는 알바이신 아랍 지구의 멋진 전망을 감상하자. 사실 이 전망은 알함브라를 둘러보는 내내 우리와 함께하게 된다.

멕수아르 궁전부터 시작하자. 멕수아르는 아랍어로 '장관들의 조언'이란 뜻으로 왕과 그의 관료들이 모여 국정을 논하는 곳이었다. 불행하게도 카톨릭 정복 후 개조로 많은 부분이 훼손되어 원래의 모습을 잃어버리고 말았다. 원형이 남아있는 부분은 화려한 천장과 그것을 지탱하고 있는 중앙의 기둥 4개뿐이다. 천장은 완벽하게 들어 맞는 기하학적인 문양의 목재 조각으로 만들어졌다. 안쪽으로 준 2층 형태의 발코니가 있었을 것으로 추측되는데 카톨릭 이후 개조한 것이다. 지금은 변색되었지만 원래 이 천장은 빨강, 파랑, 검정, 금

by Michael Clarke, creativecommons.org

색, 녹색 등 다채로운 색깔로 채색되어 있었다니 오리지널은 얼마나 화려했을지 상상해 볼 수 있다.

이 방의 끝에는 전망대처럼 보이는 좁고 긴 방이 하나 보인다. 왕과 그의 관료들이 알라신에게 기도를 했던 왕의 기도실로, 건너편 알바이신과 사크로 몬떼를 향해 난 아름다운 창을 통해 멋진 전망을 엿볼 수 있다.

작은 문을 지나면 황금의 방으로 이어 진다. 이곳에서 왕은 시민들을 만나 그들의 요청 사항을 들었는데 왕과 시민들 사이에는 일렬로 병사들을 세워 혹시 모를 불상사를 대비했었다 한다. 전면의 웅장한 외관은 벽면 전체가 화려한 석회와 타일 장식으로 덮여 있고 정교한 조각이 새겨진 나무 처마가 돋보인다.

코마레스 궁전

좁은 통로를 지나 코마레스 궁전에 들어서면 아찔하게 눈부신 빛의 홍수가 우리를 맞이 하는데 천국의 꽃 정원이다. 하얀 대리석 바닥, 사방의 회벽, 직사각형의 커다란 물 웅덩이가 먼저 보인다. 그 웅덩이엔 천국의 꽃으로 여기는 식물 '아라얀'으로 둘러싸여 있는데 그 녹색 그림자와 새파란 하늘이 물에 비쳐 고요하게 일렁이고 강렬한 햇살이 떨어져 파닥거린다. 왼쪽으로 보이는 높은 건축물 입구의 화려하고 섬세한 아라베스크 문양의 장식과 잘 측정된 건축물… 인간의 모든 감각을 흔들어 왕을 방문하는 외부 손님들의 혼을 빼놓기 위해 모든 것이 설계되었다고 하니 오늘날 이 궁을 방문하는 관광객들이 매료되지 않을 수 없는 것은 당연하다. 우뚝 솟은 거대한 타워의 내부로 들어가 보자. 대사의 방 또는 왕좌의 방이라 부른다.

　　보트 모양으로 아름답게 장식된 천장이 있어 '작은 배의 방'이라는 이름을 가진 현관을 지나면 양쪽 측면에 두 개의 작은 아치 형태의 창문이 있는 공간이 보인다. 그 안에 작은 용기를 두어 향수를 태웠다고도 하고, 손을 씻을 깨끗한 물을 담은 그릇이 놓여 있었을 것이라고도 한다. 방 안에 있는 왕은 뒤에서 쏟아지는 빛의 광선에 가려져 방문자의 입장에서는 거의 어둠 속에서 왕을 영접하게 되는데 이미 실내에 익숙한 왕의 입장에서는 그들의 표정을 환히 읽을 수 있었다 하니 적과 아군을 분간하기 위한 영리한 계산을 했으리라.

왕좌는 감탄할 수밖에 없는 웅장한 나무 천장 아래에 있다. 8,000조각이 넘는 삼나무로 장식하고 황금색의 별 모양으로 채색한 이 천장은 이슬람 경전에서 이야기하는 7개의 하늘을 상징하며 한가운데는 알라신이 계신 자리로 팔각형의 홈이 패어있다. 잠시 천장을 올려다보고 있으면 밤하늘의 한가운데에 서 있는 느낌을 받는다. 벽면은 기하학 문양의 타일과 화려하고 아

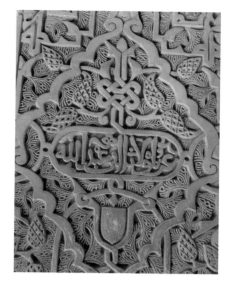

름다운 문양을 회반죽에 찍어 굳힌 판을 이어 붙여 장식했다. 자세히 들여다보면 세 가지 유형의 이슬람 장식을 찾아 볼 수 있는데, 식물 문양, 기하학 문양, 그리고 아랍 문자이다. 내용은 궁을 지은 왕과 그의 작품을 찬양하는 시 또는 코란에 나오는 문장 등이다. 유심히 보면 유난히 여러 번 반복되는 한 문장이 있는데 이것은 나사리 왕조의 모토이다.

"알라 외에 다른 승리자는 없다."

코마레스 타워를 나와 직사각형의 물웅덩이의 반대편으로 가 두 개의 큰 문을 위로 하고 돌아 서보자. 타워가 물에 그대로 비쳐 그림자와 함께 상하좌우 완벽한 대칭을 이룬다. 아마도 알함브라를 대표할 만한 가장 인상적인 장면이지 않을까.

사자의 궁전

지금까지가 공적인 행정 업무를 보던 구역이었다면 다음으로 이어지는 사자의 궁전은 왕과 그 가족만을 위한 공간이다. 나사리 시대에는 '행복한 정원'이라 불렸는데, 이슬람 경전에 묘사되어 있는 낙원의 모습을 현실화시켰다고 한다. 파티오라 부르는 중정을 둘러싸고 있는 124개의 기둥은 종려나무(대추야자나무)를 상징하는데 나무의 기둥 부분은 대리석, 기둥 위쪽의 나뭇잎은 석회조각으로 장식되어 있다. 놀라운 것은 기둥의 위아래로 끼워진 납 고리인데, 학자들에 따르면 지진에 대한 완충 작용을 한다고 한다. 이 납 고리는 알함브라가 여러 단층에 위치해 있어 과 거 여러 차례 지진을 겪었기 때문에 설치한 것이다. 그중 한 번의 지진은 기독교인들이 호시탐탐 그라나다를 정복하려던 시기인 1431년에 발생 했는데, 파괴된 도시 위에 알함브라 가 굳건히 서있는 것을 보고 50년이 지나도록 다시 공격을 시도하지 못 할 정도로 두려워했다고 한다.

정원의 바닥에는 십자 형태로 네 개의 물길이 흐르는데 코란에서 이 야기하는 물, 우유, 꿀, 포도주의 강 을 각각 상징함과 동시에 그라나다를 흐르는 네 개의 강을 의미한다. 그 강들 을 통해 흐르는 물은 중정 한가운데 있는 열두 마리 사자의 분수로 흘러 들어 간다. 물을 뿜고 있는 사자의 분수를 자세히 들여다 보면 열두 사자가 각기 조 금씩 다른 모습을 하고 있다. 분수의 가장자리에는 아랍어로 이 분수가 어떻 게 작동하는지 새겨져 있는데 눈꺼풀에 맺힌 눈물이 방울방울 떨어지듯 부드 럽게 흘러 내리는 모습을 숨겨진 연인의 눈물에 비유한 아름다운 시구로 설 명하고 있다.

접시를 넘쳐 흐르는 물이 그대는 보이는가.
파이프가 감추고 있단 말인가.
연인의 눈꺼풀 속 가득 고인 눈물.
밀고자가 두려워 숨기고 숨기는 눈물.

　중정의 목가적인 풍경은 동서쪽의 양 쪽 끝에 서로 마주보고 있는 두 개의 피라미드 지붕의 파고다로 완성된다.

　사자의 궁전은 알함브라의 다른 궁전에 비해 매우 독창적이다. 이슬람 건축에서는 사람이나 동물에게는 영혼이 있어 그것을 건축물 등에 장식으로 사용하는 것은 우상숭배라는 인식이 있어 철저히 금기시했기 때문이다. 다른 건축물에서는 볼 수 없는 동물 조각상 또는 사람 형상의 그림 등 다양한 특성이 이 사자의 궁전에는 숨겨져 있다. 대표적으로 사자의 분수대가 그렇다.

　정원의 오른쪽 첫 번째 방 아벤세라헤스의 방에 들어서 보자. 왕에 대항하여 역모를 꾸미다가 발각된 귀족 아벤세라헤스 일가가 여기서 살해되었기 때문에 붙여진 이름이다. 방바닥 한가운데 분수 접시에는 붉은 얼룩이 있는데 전설에 의하면 이곳에서 살해된 자들의 피로 인해 생겨난 얼룩이라지만 사실은 분수를 흐르는 물속의 철 성분으로 인해 생겨난 얼룩으로 판명이 났다고 한다. 피의 얼룩은 과장된 것이지만 15세기 그라나다 왕국의 중요한 정치세력으로 등장한 아벤세라헤스에 위기의식을 가지게 된 왕이 그의 일가를 학살한 사건은 실재했던 역사적 사실이라고 한다.

아벤세라헤스의 방 by granada22(by alhambra-patronato.es

　가이드들은 이 방이 왕의 침실이었을 거라고 추측하지만 뚜렷한 근거는 아직 발견되지 않았다. 분명한 것은 이 방 안의 공명이 경이로울 만큼 좋다는 사실이다. 이를 감안하면 왕은 여기서 악사들의 음악을 감상하며 무희들의 춤을 즐겼을 거라 한다. 이 방에서 가장 눈에 띄는 요소는 팔각형 별 모양의 돔 형태의 천장을 이루는 회반죽 장식이다. 한참을 올려다 보고 있자면 별이 빛나는 듯 하다. 팔각의 벽면에 있는 아름다운 문양의 창문을 통해 들어온 빛이 회반 죽 장식에 부딪혀 떨어져 바닥에 있는 분수의 물에 반사되어 흐른다. 시간에 따라 빛의 방향이 바뀌며 시시각각 다른 효과를 만들어 낸다고 하는데 그야말 로 섬세함과 화려함의 극치를 보여준다. 이슬람 건축에서 분수가 바닥에 동그 란 접시 형태로 납작하게 붙어있는 것은 아랍인이 바닥에 앉아 물을 만지는 풍 습에서 온 것이라고 하는데 참 수수하면서도 예쁘다.

정원 끝에 있는 길다란 방은 왕들의 방이다. 마치 레이스 커튼을 드리운 듯 한 모양의 석회 장식은 삼각의 아치를 이루어 긴 방을 세 칸으로 나누어 놓았 다. 여기서 특이한 점이 그림이다. 세 개의 방마다 돔 형태의 타원형 천장화가 그려져 있는데 중앙에 있는 것은 나사리 왕조 초기 10명의 왕들을 묘사한 것 으로 추정한다. 이 방이 왕들의 방이라고 불리는 이유다. 이탈리아의 트레센토 계 화가의 작품이라고 추측하는데 당시 그라나다 왕국과 이탈리아가 활발히 교역했던 것으로 미루어 충분히 그럴듯 한 설명이다. 천장에 나무로 타원형의 돔을 만들고 그 안에 양가죽에 그린 그림을 부착했다. 나무 돔 위로는 공기층 을 두고 지붕을 얹어 가죽을 습기로부터 보호하여 부패를 방지했다.

정원의 왼쪽 방, 두 자매의 방에도 팔각형의 큰 돔이 있다. 이미 지나온 아 벤세라헤스의 방과 같은 모양으로 장식된 천장의 돔은 벌집 같기도 하고 종유 석 모양 같기도 하다. 이 장식은 각기 다른 모양의 두 개의 석회 조각을 틀에 맞춰 찍어 내어 위아래로 맞붙인 것을 천장의 위쪽에서부터 붙여 내려오는 방 식으로 장식했는데, 어느 한 부분도 비거나 어긋난 부분 없이 완벽하게 맞물 려 있다. 이것을 모카라베 양식이라고 한다. 나사리 왕조 당시의 수학 기하학 수준이 매우 높았음을 짐작할 수 있다. 또 그것을 건축에 어떻게 적용했는지 잘 보여주는 놀라운 예라고 할 수 있다.

① 두 자매의 방 천장
② 린다라하의 전망대
③ 왕들의 방

이 방에서 가장 눈에 띄는 것은 우아함의 극치를 보여주는 매혹적인 린다라하의 전망대다. 전망대 입구의 양쪽 기둥을 장식한 섬세한 타일 세공에 아랍 캘리그래피가 기하학적 배경과 완벽한 조화를 이룬다. 또한 천장의 화려한 색유리 장식은 유일하게 이곳에만 보존되어 있다. 린다라하는 아랍어로 '아인-다르-아이샤' 또는 유명한 여왕 아이샤의 이름에서 파생되었다. 원래는 건너편 알바이신과 사크로몬떼가 바라다 보이는 환상적인 전망이었지만 카톨릭 세력이 알함브라를 점령한 후 그 앞에 다른 건물을 덧붙여 지으며 전망대로서의 역할은 상실하고 말았다. 그러나 여전히 이 방 그 자체로 찬란하고 아름답다.

두 자매의 방을 나서면 이어지는 복도부터는 카톨릭 이후 건축된 것으로 지금까지와는 완전히 대조된다. 매우 단순하고 유럽 어디서나 흔히 볼 수 있는 건축 형태이다. 복도 끝에 위치한 방은 카를로스 5세와 그의 아내가 거주하던 황실 스위트룸이었다. 그 방을 나서면 1829년에 워싱턴 어빙이 거주했다는 방으로 이어진다. 이 미국 작가는 "알함브라 이야기"라는 저서로 전 세계에 알함브라를 소개했다고 추앙받고 있다. 그러나 비단 이 미국 작가만이 알함브라에서 영감을 받은 것은 아니다. 알렉산더 뒤마나 한스 크리스티안 안데르센과 같은 작가들, 프랑스의 마티스, 네덜란드의 에체 같은 화가들도 그들의 예술세계에 알함브라에서 얻은 영감을 녹여냈다고 한다. 또한 그라나다 출신 스페인의 국민시인이자 극작가 페데리코 가르시아 로르카는 그의 여행산문집 "인상과 풍경"에서 알함브라를 포함한 그라나다에 대한 풍경을 섬세한 감수성으로 묘사하고 있다.

다음으로 '여왕의 머리빗'이라는 목제 통로가 이어지는데 알바이신의 멋진 전망을 감상하며 로르카의 한 구절을 떠올려 본다.

"알바이신에는 마치 허리케인 바람이 소용돌이 쳐 휩쓸어
놓고 간 것처럼 수많은 집들이 배치되어 있다. (…)
그들은 거미줄같이 어지럽게 얽혀 서로 벽을 기대고 있다."
(인상과 풍경, 페데리코 가르시아 로르카, 1898-1936)

유네스코는 알함브라를 알바이신과 함께 세계 문화 유산으로 지정했는데,
두 곳이 긴밀하게 연결되어 있음을 높이 샀다고 한다. 단순하지만 신비로운
느낌마저 들게 하는 알바이신 풍경을 마주하면 당장 건너편으로 뛰어 들고 싶
은 마음을 금할 수 없다.

린다라하의 안뜰에서 연결된 왕의 목욕탕은 많은 관람객을 수용하기에는
보전 상태가 불안정하여 입장은 불가능하고, 작은 문을 통해 극히 일부분만 볼
수 있다. 아쉽지만 안달루시아 여행 중 '하맘'이라 불리는 아랍 목욕탕을 볼 기
회가 있다면 그 구조와 작동 원리를 이해할 수 있을 것이다.

바로 이어 동굴 같은 공간이 보인다. 이 지하 공간은 창고로 사용되었는데 외부로 이어지는 통로가 숨겨져 있어 유사시 몰래 밖으로 빠져 나갈 수 있도록 했다고 한다. 나사리 왕조 시대에 권력 투쟁이 빈번했음을 감안하면 숨거나 도망치기에 용이한 이런 구조는 생존을 위한 필수 방책이었으리라.

파르탈

린다라하의 안뜰을 나오면 분위기는 반전된다. 알함브라의 세 가지 핵심 요소는 건축물, 초목, 물로 꼽을 수 있는데, 파르탈은 초목과 물이 돋보이는 공간이다. 다양한 종류의 나무들과 땅을 아름답게 수놓은 꽃들, 다양한 허브 식물 등 초록이 폭발하고 무엇보다 끊임없이 흐르는 물이 있다. 아주 일부, 땅 밑으로 형성된 수로가 숨겨져 있는 곳을 제외하면 어디에나 흐르는 물이 있어 마치 생생하게 살아 숨쉬는 생명체를 보는 듯 하다.

나사리 궁전에서 가장 오래된 파르탈은 알함브라의 아름다움의 패러다임인 세 가지 요소가 치열하게 계산되어 완벽한 균형미가 돋보인다. 한 쪽에는 포르티코 궁이 앞의 연못에 반영되어 그림자와 함께 상하 대칭을 이루고, 앞은 초목으로 둘러싸여 있으며, 연못의 양 옆엔 오아시스를 떠올리게 하는 두 그루의 야자수가 서 있다. 포르티코의 왼쪽 편에는 알바이신의 전망이 보이는 창이 딸린 탑이 있는데 '귀부인의 탑'이라는 이름의 천문

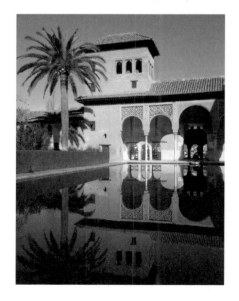

대이다. 건축물에 반영된 수학과 함께 '알 안달루스'의 과학적 업적을 다시 떠올리게 된다.

　파르탈은 정원뿐만 아니라 여러 채의 궁전들로 둘러싸여 있었으나 지금은 연못을 둘러싼 나즈막한 돌담 형태로 그 기초만이 남아 있을 뿐이다. 그 궁전들이 여전히 건재하다면 어떤 모습일까 잠시 상상해 본다.

　파르탈에서 헤네랄리페로 가는 성벽 안쪽으로 '미니 궁전'으로 불리는 두 개의 탑, 즉 '경고의 탑'과 '옹주들의 탑'이 남아있다. 이 두 개의 탑은 오래된 수많은 전설들을 끊임없이 흘러내며 근접한 성벽으로부터 보호받고 있다.

　워싱턴 어빙이 쓴 "알함브라 궁전의 이야기"에서 소개하고 있는 이 탑에 얽힌 아름다운 전설 하나를 소개한다. 왕에게 세 딸이 있었다. 점성가가 왕에게 조언하기를 공주들을 가두어야 한다, 그렇지 않으면 그들은 결혼할 수 없을 거라 경고했다. 이 조언에 따라 왕은 세 공주를 이 탑에 가둔다. 한편 포로로 잡힌 세 기독교 기사도 이 탑의 지하에 감금되는데 공주들은 이들과 사랑에 빠졌다. 때가 되어 기사들이 풀려나게 되자 두 언니들은 밧줄을 타고 탑 아래로 내려가 병사들과 함께 도망치고 한 공주는 아버지를 배신할 수 없어 혼자 남았다. 사실을 알게 된 왕은 남아있는 어린 소녀가 죽을 때까지 가두어 두었다. 어린 공주의 무덤에서는 아름다운 장미가 피어났다고 한다.

헤네랄리페

'건축가의 정원'이라는 뜻의 헤넬라리페는 알함브라 성벽 밖에 있다. 왕실의 여름 궁전으로 사용된 흰색의 좁은 궁전은 현재 아름다운 정원으로 둘러싸여 있으며, 적의 침략 시 포위 가능성에 대비하여 안전을 담보하는 동시에 식량을 얻을 수 있도록 과수원과 농지로 넓게 둘러싸여 있다. 지금은 주차장이 들어서고 도로가 생겨 나누어져 있지만, 도로 건너편으로 아직 올리브나무 밭과 목초지가 남아 있어 경작을 이어가고 있다.

음악회를 위한 무대를 지나면 사이프러스 나무 담장으로 둘러싸여 있는 정원이 나타나는데 한가운데에 있는 수로 형태의 길다란 연못과 분수는 나사리 궁전의 그것과 닮아있어, 20세기에 지어졌지만 알함브라의 아랍 영혼과 완벽하게 어울린다. 주변을 둘러싼 아름다운 꽃들과 졸졸 흐르는 물소리에 더해지는 새들의 지저귐, 그 조화는 완벽한 화음으로 전원교향악을 연주해 낸다.

궁전 뒤 언덕에서 내려다 본 헤네랄리페 궁전 풍경

헤네랄리페 궁전은 알함브라와는 또 다른 놀라움을 안겨준다. 우선 우아
함의 극치를 보여주는 수로의 정원이 맞아준다. 가운데 긴 수로 양 옆으로 물
줄기들이 솟구쳐 올라 타원을 그리며 떨어지는 소리가 수런거리고, 양 옆엔 갖
가지 허브 식물이 피워낸 화려한 꽃들의 잔치가 벌어진다. 이곳 물의 동맥으로
부터 알함브라 전체를 가로지르며 끊임없이 흐르도록 설계된 이 경이로운 수
로 시스템이 없었더라면 생생히 살아 숨쉬는 알함브라는 불가능했을 터이다.
떨어지는 물줄기가 만들어 내는 음악을 감상하며 정원의 왼편에 길게 이어지
는 회랑을 걷고 있자면 벽면에 뚫린 아치형의 창이 만들어내는 액자들을 통해
그라나다 시내를 배경으로 아름다운 알함브라의 전망이 보인다.

이어지는 왕비의 안뜰을 지나 헤
네랄리페에서 가장 높은 곳에 위치
한 물의 계단에 주목하자. 당신이 시
인이 아니라도 그 영혼은 감동에 빠
질 수 밖에 없을 것이다. 계단의 양
옆으로 형성된 월계수 숲이 아치를
이루고 있어 계단에 들어서면 서늘
한 신비함이 온몸을 감싼다. 계단의
양 옆 난간에는 기와를 거꾸로 놓은
형태의 세라믹을 이어 물길을 만들
었다. 이 물길의 중간 중간에는 물을

회전시켜 속도를 늦추는 작용을 하는 둥근 그릇 형태의 정거장이 있어, 물이
빠르게 쏟아지는 것을 차단하고, 항상 같은 양의 물이 같은 속도로 끊임없이
흐르도록 했다. 나사리 건축가들의 상상력과 그 신묘한 기술이 돋보이는 지
점이다.

헤네랄리페를 나와 사이프러스 나무가 높게 늘어서 있는 오솔길을 지나
다시 알함브라 성벽 안으로 들어간다. 왕실을 위한 산업지구 메디나로 이어지
는데 가죽, 염료, 유리 또는 도자기 등을 제조하던 공장지대이다. 지금은 건물
들은 다 허물어지고 기초만 남아있지만, 다양한 작업으로 소음과 진한 냄새로
가득했을 이곳을 상상할 수 있다. 이 구역에 거주하던 장인들은 성벽에 별도
로 있는 '일곱 층의 문'이라는 이름의 쪽문을 통해 드나들었다.

19세기 초 스페인을 침공하고 알함브라를 점령한 프랑스군은 1812년 이
곳을 떠나기 전 알함브라를 파괴하기로 결정한다. 그 사실을 알게 된 한 스페

인 병사가 설치된 폭발물이 터지기 직전 도화선을 끊어 폭파를 막아 냈지만 그럼에도 일곱 층의 문은 지켜내지 못했고 결국 이 문은 폭파되고 말았다고 한다. 현재의 문은 후에 재건된 것이다.

메디나를 지나면 그라나다 최초의 수도원이었던 파라도르(국영호텔)를 지나게 된다. 좀 더 내려가면 이전에는 중앙 모스크가 있던 곳에 카톨릭 이후 건설된 산타 마리아 성당이 있다. 성당 옆에는 이슬람 당시의 목욕탕이 아직 남아 있고 상점들, 행정 기관, 아벤세라헤스 같은 귀족들이 살던 소궁전 등으로 둘러싸인 넓은 광장이 있었다. 지금은 기념품점이 있고 넓은 공터와 건물의 일부 흔적 정도만 남아있다.

알카사바와 궁전을 분리하는 오래된 와인의 문이 보인다. 현재는 별도로 떨어져 있지만 지금은 사라진 내벽의 일부였을 것이다. 와인의 문이란 이름은 카톨릭 시대에 붙여진 것으로 근처에 술집들이 있었기 때문이라 한다. 이슬람은 술을 금지하지만 알 안달루스와 알함브라에는 은밀하게 와인을 즐기는 사람들이 있었다고 한다. 안달루시아 사람들은 와인 문화를 포함한 여러 가지 점에서 조상들의 로마 유산을 잊을 수 없었기 때문이리라.

와인의 문

알카사바

알카사바 앞의 너른 공터에는 수십 마리의 고양이들이 햇빛을 쬐거나 나뭇가지에 올라앉아 관광객들의 눈길을 받는다. 적당한 자리에 걸터앉아 간식이라도 꺼내어 부시럭거려 보시라. 당장 서너 마리의 고양이가 또록한 눈빛으로 당신 발 아래로 몰려들 것이다.

알카사바에 들어가기 앞서 눈을 들어 높다란 건축물 벽면을 보면 일정한 간격으로 뚫린 구멍이 보인다. 대부분의 관광객들이 이 구멍들을 세월이 흐른 탓으로 치부하고 넘기기 일수이나, 사실 이 구멍들은 알카사바가 얼마나 견고하게 세워졌는지를 설명하는 단서이다.

알함브라의 군사 구역인 알카사바는 서쪽 끝에 위치하며 선체의 형태이다. 가장 높은 곳에 올라 내려다 볼 때, 알카사바는 도시 위를 유영하는 배처럼 느껴진다. 입구 쪽의 좁은 계단을 올라 성벽 위를 걷다 보면 조용한 초록 바다 위에 떠 있는 느낌과 함께 건너편으로 보이는 하얀 마을 알바이신의 유혹을 받는다.

알카사바에서 가장 높은 탑인 '벨라의 탑'에 올라가 볼 수 있다. 높은 타워 위의 종이 마치 촛불의 불꽃을 닮아 붙여진 이름이라고도 하고, '보호' 또는 '방어하다'라는 뜻의 '벨라'에서 나온 이름이라는 두 가지 설이 있다. 이 탑은 최근까지 주변의 드넓은 농지에 물을 대는 순서를 관리하는 역할을 했으며 또한 시내 전체를 조망할 수 있어 화재 경고, 혹은 각종 축제를 알리는 종을 울리기도 했다. 알카사바 내부도 내려다 볼 수 있다. 덕분에 알카사바에 거주했던 병사들의 삶을 짐작해 볼 수 있는데, 지금은 낮은 벽체로만 남아 있는 오밀조밀한 집들의 형태 중 파티오가 있는 가장 큰 집은 장교용이었다고 한다. 지하로 이어지는 작은 계단도 있는데 지하에는 동굴이 있어 일부는 곡식 창고로, 일부는 죄수를 위한 감옥으로 사용되었다.

알카사바

카를로스 5세 궁전

알카사바의 맞은 편으로 카를로스 5세 궁전이 있다. 이 르네상스 양식의
카톨릭 건물은 스페인의 이슬람에 대한 완전한 승리를 증명하기 위해 세워졌
다. 이미 앞에서 언급한 산타 마리아 성당 역시 같은 의미로 세워졌다. 입구
의 섬세한 부조 장식과 사각의 불룩불룩한 외벽, 원형의 안뜰은 견고한 이탈
리아 르네상스 작품이다. 코마레스 궁전의 한 면에 맞대어 세운 이 궁전은 전
혀 다른 스타일로 존재하면서도 나사리 건축물과의 조화를 깨뜨리지 않고, 오
히려 균형과 안정감을 준다. 원형의 중정은 과거 안달루시아 사람들이 열광
했던 투우가 열리는 경기장 또는 축제의 장이기도 했다. 현재는 훌륭한 공명
으로 매년 이곳에서 그라나다 국제 음악 댄스 페스티벌이 개최되는데 2021
년, 70회를 맞았다.

마법의 흙

아랍어 알 함라, '붉음'에서 유래한 이름의 알함브라는 시에라네바다의 침식으로 인한 붉은 흙, 점토와 모래, 자잘하게 부서진 돌멩이로 이루어진 언덕 위에 위치해 있다. 이 흙에 적당량의 물을 섞으면 매우 견고한 기초와 튼튼한 벽을 세울 수 있을 정도의 강도를 얻게 되어 큰 지진에도 견뎌낼 수 있다고 한다. 알함브라는 타피알 공법으로 지어졌는데, 먼저 각목으로 직육면체 형태의 나무 구조물을 세운다. 마법의 흙에 돌과 약간의 석회를 섞어 가득 채우고, 무거운 망치로 압축하며 때때로 물로 적셔준다. 벽이 마르면 그 옆으로 계속 이어 가거나 원하는 높이까지 같은 방법으로 계속 올릴 수 있으며, 각목을 떼어 냈을 때 사진과 같은 독특한 구멍이 남게 된다. 작업을 마친 후 비로부터 보호하기 위해 회벽으로 덮는다. 타피알 흙벽은 저렴하고 빠른 공정이 가능하며 충격과 화재에 잘 견딘다. 그 외에도 외부의 온도 변화에 크게 영향을 받지 않고 실내 온도를 적정하게 유지하는 장점도 있다. 알함브라 시대에는 없던 개념이었겠지만 친환경적 기법이기도 하다.

알함브라에서 영감을 받은 다수의 음악가들이 있다. 수많은 명곡을 남긴 음악가 마누엘 데 파야는 1920년부터 성당 근처의 오래된 메디나 알함브레냐에서 거주하다가 후에 성벽에서 조금 떨어진 저택에서 1939년까지 거주했다(후에 그 저택은 주택 박물관과 공연장이 되어 지금까지 남아있다). 알함브라를 방문한 적은 없지만 파야의 위대한 친구 끌로드 드뷔시를 언급하지 않을 수 없다. 파야는 파리에 있는 친구 드뷔시에게 와인의 문이 그려진 엽서를 보냈고 엽서를 받은 드뷔시는 엽서의 그림에 영

감을 받아 LA PUERTA DEL VINO(와인의 문)이라는 제목의 아름다운의 음악을 작곡하게 된다. 그 밖에 유명한 기타 곡 '알함브라의 추억'의 저자 프란시스코 타레가가 있다.

궁전 내부에 두 개의 박물관이 있다. 위층에는 그라나다 바로크 양식의 그림과 조각품 등이 전시되어 있는 예술박물관이 있고, 아래층 알함브라 박물관에는 나사리 시대를 비롯하여 스페인 전체의 이슬람과 북아프리카의 독특한 작품들이 전시되어 있다.

알함브라를 상상하다

많은 관광객들이 놓치고 가기 일수인데, 카를로스 5세 궁전 입구 오른쪽에 위치한 알함브라 박물관을 꼭 방문하기를 추천한다. 시간을 거슬러 당시 화려했던 그들의 삶으로 들어가는 상상을 해 보자.

입구를 들어가면 바닥에는 파헤쳐진 땅 속에 초대 왕이 설계한 수로가 지나는 옛 거리의 일부가 드러나 보인다. 정교하게 장식된 의자를 통해 왕이 왕좌에 앉아 있는 모습을 상상하게 된다. 화려한 채색의 나무 조각, 격조 있는 커튼과 실크 드레스, 동물 모양의 청동 화로, 향수, 고급 식기, 체스판, 작은 점토 장난감 등을 통해 그들의 삶의 모습을 본다. 그중 백미는 높이 1m 35cm 크기의 아름다운 가젤 항아리로, 푸른색과 황금빛이 반사되는 절묘한 장식을 입고 있다. 풍부한 색조와 다양한 톤이 생동감 넘치고 따뜻하며 안락한 알함브라의 삶 속으로 안내한다. 마치 꿈 속을 거니는 듯 하다. 자연스럽게 상상은 천일야화의 한 장면으로 이어진다.

by Masuma Gracia Cano

아랍지구 알바이신과 집시구역 사크로몬떼

　누에바 광장의 왼편, 알함브라와 마주하는 곳에 위치한 가장 그라나다다운 지역이 바로 알바이신과 사크로몬떼이다. 알함브라에서 건너다 보이는 환상적인 풍경에 누구나 감탄하게 되는 곳이다. 개인적으로 호젓하게 이색적인 풍경을 즐기는 것도 좋지만 전문 가이드와 함께 숨겨진 이야기들을 들으며 이곳을 여행하는 것도 좋겠다. 수많은 좁은 골목들이 이어져 있어 낯선 관광객들은 자칫 긴장하거나 겁을 먹어야 할 순간이 오기 십상이라 제대로 즐기기 어려울 수 있기 때문이다.

　깔데레리아 골목을 천천히 올라가 보자. 예전에 금속 냄비의 장인 깔데레로들의 수공예점들이 있던 골목이라 붙여진 이름이다. 지금은 기념품을 판매하거나 아랍 찻집을 운영하는 모로코 상인들의 화려하고 다채로운 상점들이 차지하고 있다. 알바이신을 거니는 동안은 마치 북아프리카의 모로코에 와 있는 것 아닐까 하는 느낌이 떠나지 않는다.

목적지인 산 니콜라스 전망대를 향해 올라가는 초반에는 계속 이어지는 좁은 골목에 잠시 혼란스러울 수 있다. 하지만 알바이신은 직선으로 뻗어 나가는 일반 도시 형태가 아니고 완벽하게 설계된 나무의 형태를 하고 있다. 나뭇가지가 자라나는 방식으로 확장되며 마을이 형성되었는데, 몸통이 되는 메인 도로에서 나뭇가지가 뻗어 나가 듯 보조 도로가 생기는 구조이다. 따라서 길을 잘못 알고 보이는 대로 따라가다 보면 막다른 골목에 다다르는 경우가 종종 발생한다. 골목 모퉁이 마다에는 하나의 일가족만 거주하는 구조로 무슬림의 전형적인 관습인 철저한 사생활 보호를 위함이다.

올라가는 동안 오밀조밀 붙어있는 하얀 벽의 집들 사이로 언뜻 언뜻 보이는 알함브라의 모습은 고단한 여행자의 피로를 풀어주기 충분하다. 마침내 산 니콜라스 전망대에 도착하면 처음엔 누구라도 탄성을 뱉다가 이내 펼쳐지는 황홀경에 아련한 감상에 빠져들기 마련이다. 현지인인 필자의 남편은 이렇게 감상을 말했다.

"여기서 바라다 보는 알함브라는 한 편의 멋진 오페라 주인공으로 완벽하지 않을까 생각해. 붉은 흙벽으로 이루어진 각기 다른 크기의 탑들이 서로 완벽하게 결합되어 얼굴이 되고 성벽 아래의 녹색 식물로 뒤덮인 푸른 언덕은 턱수염 같아. 그 위로 보이는 시에라네바다의 산등성이와 하늘까지. 아름다운 자연에 완벽하게 녹아들어 어우러진 하나의 인격체 같아."

가로로 넓게 펼쳐진 풍경의 왼쪽에는 언덕 위 높게 걸린 하얀 건축물이 보이는데 나사리 왕조의 여름 궁전인 헤네랄리페이다. 전망대에는 기타를 치는 거리의 악사들과 그 흥겨운 선율에 맞춰 플라멩코 춤을 추는 관능적인 댄서들. 이 모든 것들이 한데 어우러져 완벽한 그림을 완성한다.

　하지만 아직은 알함브라의 겉모습만 보일 뿐, 그 안에 숨겨진 수많은 불가사의를 상상하기 어렵다. 알함브라는 여기서 바라다 보는 여행자의 호기심을 극도로 자극하며 유혹한다. 수수한 겉모습으로 위장하고 있는 그 내밀한 속살은 어떤 모습일까? 또 어떤 이야기를 품고 있을까?

　전망대에서 좀 더 가면 광장 입구인 아치형인 '저울의 문'을 통과해 라르가 광장으로 이어진다. 이슬람 시대에는 이 광장에 시장이 있었는데 입구인 저울의 문에는 경찰이 상주하고 있었단다. 고객이 사기를 당했을 경우 경찰에 상인을 신고하면 경찰관이 무게를 측정하고, 정말 상인이 속였다고 판단되면 그 상인은 사람들의 거센 비난을 받았다. 만약 상인의 속임수가 세 번 반복되면 이슬람 법에 따라

그의 손목이나 귀를 잘라 아치 위에 박힌 쇠고리에 걸어 전시했다는 잔인한 이야기가 전해져 내려온다. 다행히 지금은 사라진 법이다.

알히베

전망대 뒤에는 붉은 벽돌로 지어진 봉긋한 구조물이 있어 여행자의 호기심을 불러일으킨다. 알히베라고 부르는데 물을 저장하고 분배하는 저수조이다. 지금은 더이상 사용되지는 않지만 1950년대까지만 해도 마을 여인들이 물을 길러 나와 차례를 기다리는 동안 조용히 이야기 하는 풍경을 볼 수 있었다고 한다. 62m³ 용량의 물을 저장할 수 있는 규모로 알바이신에서 가장 크다. 그라나다에는 여전히 28개의 수조가 남아있는데 더 많은 수조가 있었을 것으로 추정된다.

'알히베'는 로마 건축 기법을 흡수해 발전시켰던 아랍어 명칭이다. 우기에는 빗물로 채워지지만 대부분은 지하에 연결되어 있는 수로를 통해 물이 공급되었는데, 오래된 모스크의 분수대나 공중 목욕탕에도 같은 원리로 물을 공급했다. 아라비아 사막에서 탄생한 이슬람교는 물을 매우 신성시 했지만, 기도하기 전에 몸을 정화하는 데만 사용한 것은 아니었다. 비록 지옥에 떨어지는 형벌을 받아야 할 죄인이나 동물일지라도 물을 청하는 것을 거절하면 중대한 죄로 간주되었다 한다.

라르가 광장은 옛 알바이신 구시가지의 중심이었다. 오랜 세월 이곳에 터를 잡고 살아온 이들의 삶은 평화롭고 따뜻하다. 그리고 도시가 아닌 작은 마을에서 만날 수 있는 투박하지만 수더분한 모습으로 관광객을 맞이한다. 도시의 소음과는 다른, 알바이신 사람들 특유의 유쾌한 소란스러움이 매우 자연스럽다. 도심으로 내려갈 때 이들은 '그라나다에 다녀올게'라고 말하는 데 익숙하며, 알바이신을 별도의 마을로 여기는 듯 하다. 이들 중에는 짙은 피부색에 자부심 강한 표정의 집시들도 심심찮게 눈에 띄지만 그라나다 집시의 본거지는 여기가 아니라 우리가 다음으로 향할 옆 동네, '사크로몬떼'이다.

하얀 골목의 미로를 산책하다 보면 사크로몬떼의 메인 거리 베레다 데 엔메디오에 도착하게 된다. 이 길을 걷다 보면 여러 차례 다른 각도로 알함브라의 전망을 만나게 되는데 그때마다 보이는 다양한 아름다움에 새삼 놀라게 된다. 이 구역은 무엇보다도 동굴 집으로 유명한데 특히 집시들이 많이 살고 있어 '집시들만의 특별한 낙원을 이루고 있다'고 평가되는 곳이다. 또 동굴 플라멩코 공연장이 몰려 있어 전 세계에서 수많은 관광객이 몰려든다. 석회로 바른 하얀 벽면엔 화려한 공연 사진을 덕지덕지 붙이고 천장엔 그라나다 전통 수공예품 등을 메달아 가득 장식을 한 좁은 동굴 안. 수십 명의 관광객들이 동굴 벽 양 옆으로 다닥다닥 붙어 앉아 기타 소리, 댄서의 관능적인 춤과 발 구르는 소리, 가수의 단전에서 끌어 올리는 노래 소리에 전율을 느낀다. 사크로몬떼에 거주하는 집시들은 그라나다 플라멩코 예술의 명맥을 이어가는 기반이 되고 있다.

그들의 학교는 동굴과 거리였으며, 그들의 영감은 청명한 하늘과 그들이 만끽하는 아름다운 풍경에서 비롯된다.

　이들의 역사나 삶의 방식에 대해 좀 더 알고 싶다면 사크로몬떼 동굴 박물관을 추천한다.

　언덕을 내려와 다시 시내로 돌아가는 길 까미노 델 사크로몬떼를 지나 꾸에스타 델 챠피스 언덕을 내려가면 우리가 도시를 산책하다 만난 익숙한 풍경, 알함브라가 올려다 보이던 광장 빠세오 데 로스 트리스테를 다시 만나게 된다. 이것으로 그라나다 구도시를 한 바퀴 돈 셈이다.

집시마을의 역사

집시들은 인도의 라자스탄에서 출발하여 수세기에 걸쳐 서쪽으로 향한 순례 끝에 약 15세기 중반 스페인에 도착했다는 것이 정설이다. 그들 중 일부는 북아프리카를 거쳐 왔지만 대부분은 동유럽을 먼저 통과했다. 일부는 헝가리와 루마니아에 머물렀지만 일부는 결국 서유럽에 도달했다. 유목민으로서 고정된 지붕 없이 잠을 자며 이동하던 그들에게 좋은 기후의 스페인은 머물기에 매우 적합했을 것이다. 집시들은 매우 훌륭한 음악가였을 뿐 아니라 인형극 공연에도 능했고, 훌륭한 대장장이이기도 했다. 그 한 예로 역사상 최고의 플라멩코 가수 까마론 데 라 이슬라의 아버지가 대장장이였다. 지금은 떠돌이 생활을 하는 집시를 보는 일은 흔치 않으며, 오늘날 스페인에서 사크로몬떼와 같이 이웃에 집시마을이 인접해 있는 도시를 많이 볼 수 있다.

1963년 끔찍한 홍수로 두 명이 사망하고 수천 명의 사람들이 거리에 남겨진 이후 많은 집시들이 이곳을 떠났고, 지금은 예전 같지는 않다고 한다. 수많은 동굴, 특히 언덕의 상부에 위치한 동굴들이 많이 허물어지고 현재는 약 1,000가구 정도만 남아 있다. 그러나 비록 가난하고 비참한 제도권 밖의 삶이었으나 새처럼 자유로웠던 그 시절을 집시들은 그리워한다.

by Isidoro Marin Gares, commons.wikimedia.org

그라나다 근교

땅과 혼연일체의 도시 구아딕스

그라나다 인근의 작은 소도시 구아딕스로 향한다. 그라나다로부터 약 60km 떨어져 있는 구아딕스는 그라나다에 머물며 당일투어로 다녀오기에 적당하다.

by turgranada.es

이 도시는 우뚝 솟은 시에라네바다를 배경으로 강과 푸른 숲으로 둘러싸인 구릉 한가운데에 위치하고 있다. 여행자의 눈을 단번에 사로잡는 아름다운 풍경은 특히 일몰 때가 압권이다. 오랜 시간에 걸쳐 자연이 조각해 낸 독특하고 괴이한 굴곡의 붉은 땅. 구불구불 흐르는 강변을 따라 형성된 포플러나무 숲에 파들파들 떨리는 이파리의 녹색 반짝임. 산봉우리를 넘어가는 태양의 마지막 햇살에 길게 늘어지는 그림자가 서로 교차하여 만들어 내는 풍경은 웅장하면서도 섬세한 교향악의 향연이다.

도시의 초입에는, 비록 형체는 거의 남아 있지 않지만 로마 극장이 위치해 고대 도시의 존재를 증명하고 있다. 그 역사를 더듬어 보면 BC45년에 창건한 줄리어스 시저의 군인들이 이곳에 악씨라는 이름의 도시를 건설했다고 한다. 그 후 수 세기 동안 잊혀진 채로 땅에 묻혀 있다가 최근에 발굴되었는데 로마 극장의 형태와 도시 하수구의 등의 흔적 등이 남아 있다.

구아딕스에 들어서면 가장 눈에 띄는 것은 대성당이다. 인구 2만 명을 넘지 않는 작은 도시 구아딕스에 거대한 대성당이 있는 것이 이상하지만 지난 역사에 비추어 보면 쉽게 이해가 된다. 아랍인들이 오기 전 이 자리에는 오래된 기독교 사원이 있었지만 철거 후 이슬람 중앙사원에 자리를 내어주게 됐다. 이후 다시 카톨릭에 점령 당하면서 이슬람 사원이 파괴되고 현재 성당이 세워지고…. 이렇게 역사는 돌고 돌아 지금 이 자리에 와 있다.

16세기에 시작해서 18세기에 완성된 대성당은 후기 고딕 양식의 요소를 가지고 있지만 본체는 르네상스 양식이며 마지막으로 완성된 정면은 바로크 양식으로 마무리 되었는데, 이 건축물에서 가장 눈에 띄는 부분이다.

안달루시아의 로마, 베티카

우리는 이미 안달루시아에 대한 아랍인의 사랑에 대해 이야기했다. 지금의 스페인과 포르투갈, 즉 이베리아 반도를 '히스파니아'라 칭했던 로마인들 역시 그에 못지 않게 안달루시아를 사랑했다. 히스파니아 남부 지방의 로마 시대 명칭이 베티카였다. 매우 실용적인 로마인들은 풍부한 광물질을 포함하고 있으며 특히 로마 대도시에서 높은 가치가 있는 올리브유와 포도주 같은 식량을 생산하기에 적합한 이 비옥한 땅을 매우 높이 평가했다. 기원전 2세기부터 로마인들은 가데스, 말라까, 카스툴로(지금의 카디스, 말라가, 하엔 지방의 리나레스)와 같은 기존에 있던 도시를 변형하거나 꼬르두바(지금의 코르도바), 히스팔리스, 이탈리카 등의 새로운 도시를 세웠다. 출중한 로마 건축가들은 도시를 잇는 도로망, 물을 수송하는 수로 및 농수로망, 등대 등 특유의 견고한 작품들을 이 도시들에 건설했다. 시간이 지남에 따라 로마 제국 내에서 베티카의 중요도가 증가하며 위대한 두 명의 황제 트라한과 아드리안을 배출했고, 또한 위대한 철학자 세네카도 베티카 출신이다. 이 사상가는 베티카에 기독교가 뿌리내리는 데에 막대한 영향을 끼쳤는데, 덕분에 콘스탄틴 황제가 기독교를 로마 제국의 공식 종교로 선포하기 수십 년 전인 AD3세기에 고대 악씨, 즉 구아딕스에는 이미 주교가 있었다고 한다.

로마 극장 by turgranada.es

구아딕스 대성당 by turgranada.es

　　대성당 앞으로 통로를 지나면 컨스티투시온 광장으로 이어진다. 이 광장은 스페인 내전으로 파괴되기 전까지만 해도 16세기 르네상스의 화려한 건축물들로 둘러싸여 매우 아름다웠다고 한다. 좁은 골목 덕분에 겨우 살아남은 두 채의 건물을 제외하고는 1949년 재건된 건물들이다. 그러나 테라스와 우아한 상점들 덕분에 여전히 아름답다.

　　우리가 들어온 곳의 반대쪽 출구로 나가보자. 지금은 허물어진 아랍 요새를 지나고 지금은 누군가의 사유재산이 되어 있을 아름다운 목재 발코니가 붙어있는 옛 작은 궁전을 지나면 산티아고 (16세기)성당이 나타난다. 다양한 색상의 타일로 섬세하게 장식된 종탑, 흰색 외벽과 환상적인 르네상스 장식의 정면 외관이 눈에 띈다.

컨스티투시온 광장

팁 : 쇼핑은 구아딕스, 론다 또는 우베다 같은 소도시에서 하기를 추천한다. 대도시보다 저렴한 가격으로 좋은 품질의 상품을 구입할 수 있다. 물론 유명한 메이커의 상품이 아닌 숨어있는 장인들의 수제 명품들에 한해서다.

산티아고 성당의 정면 by turgranada.es

　시내 중심을 뒤로하고 더 안쪽으로 들어가면 동굴 주택 단지가 형성되어 있다. 과거엔 빈민들이 살았었지만 이 풍경을 신기하게 여기는 호기심 많은 여행자들 덕에 지금은 인기 관광명소가 된 곳이다. 도시 뒤편으로 솟아오른 언덕에 땅을 파고 내부와 외부에 석회를 발라 건축된 하얀 동굴집들이 만들어 내는 아름답고 기이한 풍경 덕분에 구아딕스는 '유럽 동굴 수도'로 알려져 많은 관광객들을 불러 모으고 있다. 16세기 이후 적어도 2천 명 이상이 이곳에 거주했다고 하며 현재도 도시 인구의 약 20%가 이 동굴주택에 거주하거나 관광 사업에 종사하고 있다.

　동굴은 주거용 외에도 상점, 음식을 저장하거나 빵을 굽는 가마 등으로도 사용되었으며, 최근에는 기념품 전시관이나 관광객에게 임대하는 숙소로도 인기를 모으고 있다. 파드레 포베다 광장에 있는 비르헨 데 그라시아 성당도 역시 동굴 성당이다. 내부에는 성화 및 예배 용품과 함께 세계 각국에서 온 예수 탄생 장면을 담은 컬렉션이 전시되어 있다. 광장에 잠시 어슬렁거리고 있자니 한 기념품점 가게 주인이 나타나 우리를 이끈다. 그들의 독특한 동굴집의 구조와 삶의 방식을 안내하고 자연스럽게 기념품관에 초대한다. 동굴 안으로 들어서면 갑자기 수백 년 전으로 시간여행을 하는 느낌과 함께 호기심에 동공이 열린다. 까마득한 세월을 이곳에서, 그들의 조상들과 크게 다르지 않은 모습으로 지내고 있지만 그들에겐 여전히 안락하고 편안하다고 한다. 일년 내내 18°~20° 사이로 실내 온도가 안정적으로 유지되기 때문에 에어컨도 난방도 딱히 필요치 않다. 찬장, 선반, 심지어 쉽게 걸터앉을 수 있는 벤치까지 벽을 파서 만들었다. 공기 순환을 위해 방마다 문짝 대신 커튼을 설치했고, 입구 쪽으로는 창문이 뚫려있다. 부엌에서 발생하는 연기는 천장 위 땅을 뚫고 얇은 굴뚝을 설치해 해결한다. 지금은 현대 문명의 덕으로 수도와 현대적인 욕실이 갖추어져 있는데 이 동굴 집들도 세월을 따라 현대 문명을 받아들인 것

by turgranada.es

이다. 주인의 친절한 안내에 고마운 마음으로 전시된 기념품 중 작은 것 하나 정도 구입해 나오게 된다.

이 동굴집 바로 위에 위치한 전망대로 올라가면 발아래 펼쳐진 도시 전체의 전경을 파노라마로 감상할 수 있다. 여느 다른 도시들과 마찬가지로 성당의 높은 종탑과 스러져 가는 이슬람의 유적 성채, 오랜 세월 귀족도시로 영화를 누렸던 중심부의 구도심, 그 주변부로 평민들의 마을들이 점점 확산되어 형성된 도시의 형태를 오롯이 볼 수 있다. 도시를 둘러싸고 있는 풍경은 마치 황야의 어쩌고 하는 서부 영화의 한 장면을 떠오르게 한다. 붉은 흙의 넓은 광야, 치솟아 오른 바위 산, 강을 따라 형성된 숲과 이어진 밭들, 이 모든 것들이 어우러져 장관을 이룬다.

시에라네바다의 두 얼굴

그라나다의 또 다른 매력은 로마인들이 '일광욕장' 또는 '태양의 산'이라고 불렀던 거대한 산맥, 시에라네바다의 조망권이다. 아침 일찍 일어나 알바이신에 올라 일출을 감상해보자. 진귀한 광경을 감상 할 수 있다. 높은 산봉우리에 쌓인 눈을 비추며 떠오르는 태양 빛이 알함브라의 붉은 성벽에 미치면 한순간 온화한 연어색으로 변하며 이어 도시를 깨우는 장관을 목도하게 된다.

시에라네바다는 유네스코 생물권 보호구역으로 66종의 식물과 80종의 동물이 서식하는데 북부와 남부 경사면의 기후는 매우 다르다. 그라나다를 마주하고 있는 가장 추운 북쪽으로는 유럽 최남단의 스키장이 있어 여행자들을 놀라게 한다. 스페인 남부에 스키장이라니…. 시내 중심에서 40여 킬로미터 거리에 있으며 자동차나 버스로 50분 거리에 있다.

높은 슬로프는 12월에서 5월까지 스키를 즐길 수 있으며, 1km 이상의 하 강코스와 120m 스프링보드에서의 점프를 즐길 수 있다. 장비가 없어도 걱정 하지 마시라. 스키는 물론 스노우보드, 하프 파이프 등 비싸지 않은 가격으로 대여가 가능하며 아이스 스케이팅이나 개 썰매도 즐길 수 있다. 전체 슬로프 길이를 합하면 107km, 그중 가장 긴 슬로프는 18km에 달한다. 스키탈 맛 난 다. 여름이나 가을엔 해발 3,400m 높이의 벨레타 봉우리에 올라 보자. 날이 좋 으면 푸른 지중해 너머 아프리카 대륙을 조망할 수 있다.

만일 트래킹을 원한다면 시에라네바다의 따뜻한 남쪽면에 있는 알푸하라 가 좋다. 깊은 산 속 세 개의 작은 하얀 마을을 방문하며 아름다운 자연을 즐길 수 있는 곳으로 관광 인프라가 잘 되어 있고 전통 풍습과 건축 형태가 잘 보전 되어 있는 매력적인 트래킹 코스이다.

그라나다에서 해안으로 향하는 고속도로를 따라 양쪽으로 펼쳐지는 산의 풍경을 즐기며 가다보면 랑하론, 알푸하라로 가는 표지판이 나타난다. 고속도 로를 빠져나와 굴곡진 산길을 가다 보면 랑하론이라는 작은 마을이 먼저 나 타난다. 이 마을은 온천과 미네랄이 풍부한 생수로 유명하며 생수공장이 있 다. 다음에 나타나는 마을 오르히바를 거쳐 우리의 목적지인 포케이라 계곡 에 도착한다.

도착하기까지 굴곡이 너무 많아 운전하기는 불편하지만 일단 도착하면 속 세와 단절된 듯한 깊은 산속의 아름다운 풍경과 계단 형태의 과수원으로 둘러 싸인 세 개의 작은 하얀 마을들이 아름답다. 아래쪽으로는 올리브, 오렌지, 아 몬드, 석류나무와 지중해 관목이 풍부하고, 올라가다 보면 밤나무, 참나무, 포 플러 숲이 있다. 또한 체리, 배, 호두, 사과나무 등이 심겨진 과수원이 곳곳에

펼쳐져 있다. 봄이면 온갖 종류의 들꽃, 과수나무들의 꽃이 흐드러지게 피어나고 가을이면 온갖 과실에서 나는 향내로 계곡이 가득 찬다.

아래로부터 팜파네이라, 부비온, 카필레이라 세 개의 하얀 마을이 푸른 하늘과 녹색의 산 사이에 점점이 걸려 있는 포케이라 계곡의 알푸하라이다. 뒷산 너머로는 해발 3482m 높이의 이베리아 반도에서 가장 높은 봉우리 물라센이 빼꼼히 고개를 내밀고 있는데, 낯선 여행자의 눈엔 산꼭대기에 걸린 구름으로 보이기 십상이다. 따뜻한 지중해로부터 약 30km 조금 더 되는 가까운 거리에 있어 온화한 기온을 유지하는 동시에 높은 설산을 머리에 이고 있어 빙하에서 흘러 내리는 강의 기원이 되는 계곡이기도 하다. 높은 산엔 가을부터 봄까지 눈이 내려 쌓이지만 알푸하라의 평균 기온은 겨울에는 20°를 넘고 여름에는 30°를 넘지 않는다고 한다.

가장 높은 마을 카필레이라에 차를 세워두고 부비온을 거쳐 아랫마을 팜파네이라로 내려가는 코스로 트래킹을 진행해 보자. 여유롭게 마을 구경도 하고 좁은 산길을 따라 쉬엄쉬엄 걷는 약 6km의 여정은 두세 시간이면 충분하다.

카필레이라를 돌아보기 전에 우선 전체 전망을 보기 위해 위쪽으로 집이 끝나는 지점까지 올라가 보자. 위를 올려다보면 끝이 보이지 않는 계곡 끝으로 하얗게 뾰족히 솟아오른 봉우리 물라센이 보이고 아래로는 겹겹이 내려가는 계곡들 사이로 세 개의 하얀 마을들이 들어 앉아 있다. 눈을 감고 잠시 깊게 숨을 들이켜 보자. 폐부를 씻어 내리는 맑은 공기, 계곡 사이로 흐르는 물소리, 숲의 나뭇잎들을 간질이며 흐르는 바람 소리, 새들의 지저귐…

발 아래 이어지는 마을 카필레이라를 내려다 보면 신기한 모양의 굴뚝이 먼저 눈에 들어 온다. 지붕 위로 뾰족이 올라 온 굴뚝은 마치 모자를 쓰고 있는 것 같은 앙증맞은 모습이다. 산불 예방을 위한 것이라고 하는데 벽난로에서 솟아오른 불씨가 모자에 부딪쳐 꺼짐으로써 불티가 날아가지 못하게 하는 장치라고 한다. 이 지역에서만 볼 수 있는 특이한 형태의 굴뚝이다. 오밀조밀 모여 있는 집들은 두꺼운 벽, 낮은 천장, 작은 문, 더 작은 창으로 되어 있어 여름에는 시원하고 겨울에는 따뜻한 온도를 유지한다.

또 특이한 것은 두 개 이상의 집을 연결하는 다리 형태의 '티나오'이다. 집과 집을 이어주며 한 여름 더울 때는 티나오 아래 골목을 지나가는 행인들이 잠시 쉬어갈 수 있는 그늘을 제공하기도 한다. 마을 중앙엔 '테라오'라고 부르는 작은 테라스가 있어 잠시 앉아 햇빛을 쬐거나 여행자의 고단한 다리를 쉬어 갈 수 있다. 안달루시아 지역의 주택은 대부분 하얀 회벽에 빨간 기와로 이루어져 있지만 비가 거의 내리지 않는 이 지역은 지붕도 매우 독특하다. 나무기둥을 가로로 수평으로 대고 그 위에 이 지역의 자연에서 쉽게 얻을 수 있는 넓적한 슬레이트 석판을 얹는다. 그 위에 흙을 평평하게 펼쳐 덮고 지붕의 가장자리는 지역에서 자라는 나무에서 얻은 검은 진액으로 밀봉하여 마무리 한다.

    아기자기한 마을을 돌아보고 제일 아래쪽으로 빠져 나오면 초목 사이로 오솔길이 보인다. 그 길을 따라 다양한 지중해 식물뿐만 아니라 우리에게 익숙한 밤나무, 사과나무, 호두나무, 뽕나무 등을 만날 수 있다. 지루하지 않을 만큼 내려가다가 다시 완만하게 올라가는가 하면 작은 초원으로 이어지다가 부비온의 첫 번째 집이 나타난다.

    부비온은 세 마을 중 중간에 있어 비교적 관광객들이 적게 방문하는 곳인데 아마도 그래서 더 매력적일 수도 있다. 마을 끝자락에 성당이 있고 그 앞엔 광장이 있다. 그 광장의 한 쪽 귀퉁이에 알푸하라 가옥 박물관이 있다. 이 전통 가옥은 실제로 수십 년 전까지 사람들이 거주했는데 그 일가가 도시로 떠나며 기증한 것이라 한다. 수백 년을 내려온 조상들의 삶을 잊지 않고자 스러져 가는 전통 문화를 기억하기 위함이 아니었을까. 수 세기 동안 살며 고치며 이어온 가옥의 형태 뿐 아니라 가구, 파스타 기계 같은 주방 도구, 농기구, 가축 우

티나오

전통가옥 박물관

리, 심지어 와인을 만들고 저장하는 공간까지 한 건물에 갖추고 있다.

광장에는 무데하르 양식의 성당이 있는데 16세기에 세워진 종탑은 나사리 시대 모스크의 섬세한 창문 형태를 보전하고 있다. 카톨릭 세력의 정복 이후 강제로 개종해야 했던 무어인 무슬림들이 성당을 지을 때 품었을 속마음을 떠올리지 않을 수 없다.

부비온을 떠나 팜파네이라로 가는 길은 시야가 시원하게 개방되어 있다. 마을을 내려오면서 금세 마을의 모습은 사라지지만 마을 끝에 걸려 있는 성당만은 팜파네이라를 향해 내려가는 여행자의 뒷모습을 끝까지 내려다보고 서 있다. 내려가는 도중 나타나는 넓은 전망대에서 바라다보는 풍경은 또 한 번 광활한 아름다움으로 여행자의 발목을 사로잡는다.

팜파네이라에는 최근까지 사용되었던 오래된 빨래터가 남아 있다. 빨래를 구실로 만나 마을의 새로운 소식이나 누군가의 뒷담화로 시시덕거렸을 여인네들의 모습을 상상하며 우리네 옛 빨래터 풍경을 떠 올려 본다. 사람 사는 모습은 다 비슷하구나.

무어인

아랍 그라나다가 몰락한 후 가톨릭 군주는 이 지역을 나사리 왕 보압딜에게 주었다. 보압딥은 모로코로 망명하며 자신의 무슬림 신하들에게 이곳을 넘겨 주었고 그렇게 이 지역에 남게 된 이들을 '무데하르'라고 불렀다. 그러나 1504년 이들은 강제로 카톨릭으로 개종해야 했는데, 개종한 무슬림들을 일컬어 '모리스코'라 한다. 이들은 카톨릭 교인임을 증명하려는 노력에도 불구하고 끊임없이 학대를 당했다. 이에 반발해 1568년, 수 차례 반란을 일으켰고, 그 후 알푸하라에서 스페인 내륙으로 추방되기에 이르렀다. 그러다 약 40년 후 마침내 최종 퇴거가 이루어졌는데 약 30만 명 정도가 그들의 후손들이 여전히 살고있는 북아프리카로 쫓겨 가고야 만다.

매년 이들을 기억하기 위해 소위 무어인과 카톨릭교인 축제가 이 지역 전역에서 열리는데, 양 측 간의 마찰을 재현하는 전투가 진행된다. 알푸하라에서 무어인들이 떠난 후 이 지역은 스페인 북부의 정착민들이 점령해 그들의 관습을 들여 왔지만, 여전히 무어인들의 생활 방식의 중 일부 좋은 점들을 보전하고 있다.

by Christoph Weiditz, common.wikimedia.org

　세 도시 중 팜파네이라는 관광객이 가장 많이 찾는 곳으로 관광지로서의 구색을 제대로 갖춘 마을이다. 골목 한가운데로 낮은 물길이 패여 있어 끊임없이 물이 졸졸 흐르는 모습이 색다르다. 골목 아래쪽 광장에는 알록달록 기념품점들이 자리하고 있다. 이 지역의 전통 특산품인 화려한 카펫이나 담요, 발매트 등을 잔뜩 쌓아 놓고 팔고, 빳빳한 식물성 섬유 바구니 등을 판매한다. 이 지역의 특산품으로는 와인, 하몽, 아랍과자, 꿀, 장인의 향수, 그리고 견과류가 들어간 수십 가지 종류의 초콜릿을 만들고 판매하는 공장도 있다.

산책을 마치고 나면 다리도 아프고 배도 고프다. 팜파네이라에는 괜찮은 바와 레스토랑이 많다. 햇살 좋은 광장에 펼쳐진 테라스에 자리잡고 앉아 시원한 맥주 한 잔이나 향 깊은 와인 한 잔 곁들인 맛있는 식사를 하자. 다양한 지중해 음식을 맛 볼 수 있고, 특히 알푸하라 전통요리, 달걀 프라이를 곁들인 초리소와 감자 요리도 좋겠다.

그라나다의 타파스

그라나다는 타파스로 유명한 도시인데 지금은 전국 거의 모든 도시로 확산되었다. 타파스는 바나 레스토랑에서 음료를 주문하면 함께 곁들여 나오는 소량의 음식을 담은 작은 접시를 일컫는 말이다. 음료 가격에 포함되어 있어 따로 계산하지 않는다. 이 풍습은 19세기 말로 거슬러 올라가는데 와인을 마실 때 잔을 덮었던 동그란 접시 모양의 뚜껑을 열어 이것에 음식을 조금 담아 안주로 즐겼던 것으로부터 유래했다고 한다. 20세기 초반 신문에는 이 새로운 방식의 실속있는 서비스를 광고하는 바나 레스토랑의 광고문이 게재되기도 했다고. 세월이 흐르면서 작은 접시에 담긴 어떤 음식이든 타파스라고 부르게 되었다.

앞에서 언급한 것처럼 이 풍습은 안달루시아를 넘어 스페인 전체로 확산되었지만 타파스라고 해서 다 그라나다와 같이 무료는 아니다. 알메리아, 하엔은 여전히 무료 타파스를 제공하지만 세비야, 코르도바, 말라가 같은 지역에서는 별도로 계산해야 한다.

02　　　　　　[하엔, 올리브 바다]

그라나다 북쪽에 위치한 하엔은 과달키비르강을 따라 펼쳐지는 올리브 나무 바다이다. 거대한 안달루시아강은 이 하엔 지방에서 태어나 그 언저리에 자라는 6천 만 그루의 올리브 나무를 적셔 스페인 올리브오일의 절반을 생산해 낸다. 스페인이 세계 최대의 올리브 생산국이라는 점을 감안하면 그 양이 어마어마하다는 뜻이다. 붉은 언덕에 끝도 없이 이어지는 녹색 점선, 올리브 밭이 이 지방의 언덕과 계곡을 점령하고, 동쪽으로 펼쳐지는 거대한 산간지역 시에라 데 세구라(세구라 산맥)에는 울창한 숲이 형성되어 있다. 또한 하엔 지방에는 르네상스 예술의 주요 역사도시 바에싸와 우베다가 있다. 이 너른 들판과 아름다운 자연의 한가운데에서 시문학이 싹 트는 것은 매우 자연스럽다.

by diputación provincial de Jaén

　먼저 하엔 지방의 수도 하엔부터 시작해 보자. 하엔은 인구 12만에 불과한, 도시 벨트를 포함해도 20만이 조금 넘는 작은 지방도시지만 부유한 문화유산을 자랑하는 곳이다. 대성당 근처 주차장에 주차를 하고 천천히 걷기로 한다. 대성당으로 가는 길은 구도심의 메인 도로 베르나베 소리아노를 지나게 된다. 이 길 끝에는 육중한 지방 청사 건물이 있는데 19세기 후반에 세워졌지만 르네상스 양식을 취하고 있다.

　가까이에 있는 하엔 대성당은 스페인에서 가장 아름다운 르네상스 양식의 건축물 중 한 예로 꼽힌다. 조화로운 비율의 아름다움으로 16세기부터 17세기에 걸쳐 미대륙에 세워진 수많은 성당들의 모델이 되었다고 한다. 정면 입구는 바로크 시대에 완성되었지만, 바로크 양식의 전형적인 곡선과 화려한 장식을 배제하고 르네상스 양식을 존중하고 있다. 자세히 보면 건축물 정면 전체의 가로 세로 길이는 거의 같은 비율이고 상층의 높이는 하층 높이의 정확히 절반이다. 중앙문을 비롯한 출입문들의 옆에는 독립된 조각상으로 장식된 기둥이 세워져 있

by diputación provincial de Jaén

고, 창문들을 적절히 배치해 균형을 잡고 있다. 또한 아름다운 두 개의 종탑이 양쪽 끝에 각각 세워져 있어 정사각형에 가까운 건물의 수평성과 단조로움을 깨고 하늘로 치솟는 느낌이다.

내부로 들어가면 정면의 제단 오른쪽에 있는 싸크리스티아(성물 안치소)가 매우 인상적이다. 고전 르네상스의 패러다임은 우아하게 배치한 코린트식 기둥과 반원형 아치로, 벽면 하단에 4개 그룹으로 배치된 기둥들이 반원형 아치들을 지지하고 있다. 구름을 뚫고 햇빛이 쏟아지듯, 창문을 통해 들어오는 빛줄기가 천장의 아치들을 채워 아치 하나하나가 마치 조명기구인 듯 하다. 건축과

by diputación provincial de Jaén

자연이 만들어 내는 신묘한 작품이다. 건축가 안드레스 데 반델비라(1505-1575)는 하엔 대성당 외에도 하엔 지방 전역에 여러 걸출한 작품을 남겼다.

하지만 이 성당을 신비롭게, 세계적으로 유명하게 하는 건, 성당이 보유한 그리스도의 얼굴이 그려진 천 한 점, 소위 '성스러운 얼굴'이다. 공식 버전에 따르면, 예루살렘 거리에서 십자가를 지고 가던 예수에게 성모가 다가와 손수건을 건네 예수가 피와 땀으로 얼룩진 얼굴을 그 손수건으로 닦았다고 한다. 그리하여 예수의 피와 땀으로 그려진 예수의 얼굴이 바로 이 성당에서 보관하고 있는 '성스러운 얼굴'이라는 것이다. 그러나 후에 객관적인 분석을 통해 14세기에 그려진 고딕 작품임이 판명났다고 한다. 천은 은색 항아리에 보관되어 있으며 그리스도가 죽음을 맞이한 날, 매주 금요일에 신자들에게 공개된다.

대성당을 나와 많은 상점과 바가 모여있는 메인 거리 까예 마에스트라에서 연결되는 좁은 골목 까예혼 데 산 안드레스로 접어들면 산 안드레스에게 헌정된 작은 성당이 숨겨져 있다. 무데하르 고딕 양식의 구 유태인 회당에 지어진 이 건물에서 주목할 것은 1523년 바르톨로메 데 하엔이 세운 르네상스 레하(가느다란 철기둥을 연이어 세워 공간을 구분하는 장치)이다. 성모 마리아에게 헌정된 이 레하는 황금색이

by diputación provincial de Jaén

주를 이루는데 중앙에 연철로 이루어진 조각 그룹이 눈에 띈다. 드물게도 마리아의 부모 결혼식 장면을 표현한 것으로, 많은 성당들을 봤지만 이 내용을 담고 있는 조각이나 그림을 본 기억이 없다. 그 위로는 귀여운 작은 천사들과

꽃 모양의 장식으로 하늘나라를 표현하고 있다. 이 레하의 작가 바르톨로메 데 하엔은 그라나다 편에서 이미 언급한 왕실 예배당의, 덜 섬세하지만 가장 화려한 레하의 작가이기도 하다.

메인 거리로 돌아와 몇 걸음만 가면 르네상스 궁전 '비야르돔파르도'가 있다. 지금은 두 개의 박물관이 있는 문화센터로 사용 중이다. 하나는 대중예술을 전시하고 다른 하나에는 나이브(소박파라고도 한다) 아트가 전시되어 있다. 그러나 이 건물의 진정한 가치는 지하에 있다. 바로 훌륭한 보존 상태를 자랑하는 11세기 아랍식 목욕탕이다. 450평방미터 크기의 이 공간은 과거 로마 목욕탕 위에 지어졌는데 그 형태와 작동 원리가 매우 유사하다. 무슬림들은 목욕탕을 씻고 휴식을 취하는 공간뿐만 아니라 사교와 사업의 장으로 활용했다는 점에서 오늘날 우리나라의 사우나 문화와도 비교할 수 있겠다. 첫 번째

by diputación provincial de Jaén

방, 즉 옷을 벗기 위한 홀에서 먼저 차가운 방으로 이어지고 다음으로 가장 규모가 큰 사각형의 따뜻한 방으로 이어진다. 천장의 거대한 돔을 8개의 말굽모양 아치와 기둥들이 떠받치고 있고, 바닥의 중앙에는 발을 담글 수 있는 풀이 있다. 끝에는 길쭉한 모양의 뜨거운 방이 있고 두 개의 침실이 있다. 바로 옆에 물을 끓이는 가마가 있는데 뜨거운 증기가 벽을 타고 순환되도록 했다. 바닥 전체는 대리석으로 되어 있으며 천장에는 별 모양의 채광창이 있어 빛은 들어오고 증기는 빠져 나갈 수 있게 되어있다.

돌아가는 길에 정통 안달루시아풍 바 겸 레스토랑 '페냐 플라멩카'에 들러 저녁 식사를 했는데, 때마침 연주되는 플라멩코 공연도 볼 수 있었다. 추천 메뉴는 전형적인 안달루시아 요리인 미가스로, 잘게 부순 빵을 베이컨, 마늘과 함께 기름에 볶아 신선한 야채나 과일을 곁들인 음식이다. 또 찐계란과 참치가 들어간 채소 샐러드 피피라나도 좋다. 타파스 정도로 가볍게 식사하고 싶다면 전형적인 바가 많은 인근의 아르코 델 콘수엘로 거리로 가자. 여기서 가장 오래된 바는 '고리온'으로, 1878년에 설립된 이래 그 외형을 지금까지 그대로 유지하고 있어 매우 고풍스럽다. 수십 년 전부터 제공하던 타파스를 지금까지 그대로 제공한다는 곳이다. 안으로 들어가면 화려했을 벽면이 검게 그을려 있고 천장에는 다른 몇 개의 하몽과 함께 1918년에 걸었다는 하몽 하나가 매달려 있다. 두툼한 나무 바 테이블에 기대어 평생을 함께 해 온 이웃들과 로컬 와인을 즐기는 현지 고객들 간에 느껴지는 친근함에 우리네 시골 주점의 모습이 겹쳐진다.

하엔은 카스티야 지방과 안달루시아 지방 사람들이 오가는 도로에 위치해 있어 이곳 사람들은 외지인들이 이 도시를 통과하는 것에 매우 익숙하다. 때문에 자연스럽게 외지인에 대한 거부감 없이 열려 있으며 매우 친절하다. 한 편 유쾌하면서도 평화로운 성격을 지닌 이들은 저항감을 표현하는데 소극적이라는 특성이 있어 정권의 정책에 있어서 늘 한 편으로 밀려나기 일수였다고 한다. 그럼에도 그들은 평온함과 좋은 먹거리 정도만으로도 만족하며 안주하는 것처럼 보인다고 한다.

끝으로 산타 카탈리나성으로 발길을 옮긴다. 크루즈 전망대에 오르면 발 아래에 펼쳐지는 광활한 전경에 속이 후련하다. 발 아래로 한눈에 내려다 보이는 하엔시는 화려한 대성당이 마치 위엄있는 여왕이 백성에게 둘러싸인 듯한 모습으로 눈길을 끈다. 도시를 둘러 싼 푸른 산에서 계곡이 열리고 나란히 줄을 잇는 올리브 밭이 끝없이 이어진다.

by diputación provincial de Jaén

산타 카탈리나성의 역사 이야기는 시간을 거꾸로 돌린다. 현재 눈 앞에 보이는 요새는 13세기에 기독교인들이 지은 것이지만, 그에 앞서 10세기에 세워진, 훨씬 더 규모가 큰 이슬람 요새 유적을 기반으로 한다. 또 이슬람 요새는 더 오래전, 기원전 3세기의 이베리아 성벽 도시를 활용했다.

이베리아 문명

로마 이전의 이베리아 반도 문화를 '이베로'라 한다. 기원전 7세기부터 기원전 2세기까지 지속된 이 문화는 스페인과 프랑스의 남동부에 걸쳐 형성되었다. 이베리아인들은 고지대에 성벽으로 둘러싸인 도시에서 살았다. 도시들 간에 정치적 유대는 없었으나 그들은 공통 언어와 지금도 여전히 해독 중인 자신들 만의 알파벳을 사용했다. 이베로는 페니키아 문명과 그리스 문명의 영향을 받았다. 특히 그리스 문명의 영향을 받은 것이 분명한데, 잘 발달된 풍부한 장례 조각품에서 이 증거를 엿볼 수 있다. 이베리아 사회는 씨족사회였고, 족장이 대물림되는 고도의 계층 사회였으며, 위대한 여성과 여신들의 조각상이 있는 것으로 보아 여성의 역할이 매우 중요했을 것으로 보인다. 또한 신화에서 전사들은 늑대를 상대로 싸우는 것으로 묘사되어 있다. 과달키비르강 상류에는 하엔에 '이베리아의 수도'라는 타이틀을 선물할 만큼 그 문화의 흔적이 많이 남아있다. 이베리아 박물관이나 가까이에 있는 푸엔떼 타블라스 유적지 등에서 이를 확인할 수 있다.

by andalucia.org

옛 이슬람 요새는 1960년대에 사실상 철거되었고 현재의 파라도르가 그 위에 지어졌다. 국가에서 운영하는 관광호텔 파라도르는 대부분 이와 같이 역사적인 공간에 위치한 고급 호텔이다. 멋진 전망과 훌륭한 시설로 하엔의 파라도르는 특히 인기 있는 곳 중 하나다. 재미있는 점은 중세시대에 세워진 탑과 연결된 세 개의 방이 있는데, 굳이 이 방을 예약하는 짓궂은(?) 고객들이 있다고 한다. 전설에 따르면 그 탑이 세워지는 과정에 한 처녀가 죽었고 그 영혼이 안식을 찾지 못하고 여전히 이 세 개의 방을 떠돈다고 한다.

by diputación provincial de Jaén

르네상스 도시, 바에싸와 우베다

　바에싸와 우베다 두 도시는 유네스코가 세계문화유산으로 지정한 역사 도시이다. 끝없는 행렬을 이루는 올리브 나무를 벗삼아 가는 길, 거친 나무 신발을 신었으나 은빛과 녹색이 교차되는 우아한 드레스를 입은 듯한 올리브 나무들이 오와 열을 맞춰 서 있는 모습은 이제는 여행의 동반자로 여겨질 만큼 익숙하다. 하엔에서 바에싸로 가는 도중에 올리브 박물관이 있어 들러보기로 했다. 고속도로의 20번 출구로 나와 약 5km를 더 가면 올리브유 박물관이 있다.

　17세기의 오래된 올리브유 공장에 세워진 이 박물관에서는 세 개의 제유소를 돌아볼 수 있는데 흥미로운 기계들과 함께 전통적인 올리브유 생산 과정에 대해 배울 수 있다. 나무의 관리와 재배, 올리브 수확 시스템, 올리브오일이 만들어지는 과정 등등. 야외 공간에는 지중해 전역의 올리브 33종의 표본을 심어놓은 식물원이 있는데 지역에 따라 그렇게 많은 종이 있다는 것도 놀랍고

by diputación provincial de Jaén

종 마다 생산되는 다양한 올리브에서 추출되는 올리브유도 그 맛과 향이 제각기 다르다는 것이 흥미롭다.

19세기에 세워진 지하실로 내려가면 천장과 벽이 온통 하얀 거대한 공간에 거대한 올리브유 탱크가 있다.

올리브오일, 건강의 원천

by turgranada.es

올리브오일은 첨가물이 전혀 없는 천연 올리브 즙이다. 제조 과정은 생 과육을 착즙하는 것으로 과거에는 수작업이 대부분이었으나 현대에는 기계가 대신하는 정도의 차이가 있을 뿐이다. 최고의 품질로 가장 권장하는 것은 물론 엑스트라 버진이다. 그 효능은 실로 대단하다. 예를 들어 퇴행성 뇌질환을 예방하거나 완화한다는 것이 입증되었고, 노화를 지연시키고 피부 건강에도 좋아 화장품의 원료로도 사용되고 있다. 콜레스테롤을 제거하고 혈액을 깨끗하게 하여 심혈관 질환을 예방하고 동맥경화를 완화하며 고혈압을 감소시킨다. 또한 소화를 개선하고 소화기관을 정화한다. 이것이 다가 아니다. 어린이의 뼈를 튼튼하게 하고 노인의 뼈 질환에도 좋다. 마지막으로 요리에 있어 굽거나 튀김 요리에 풍미를 더 해준다. 그러나 날것으로 섭취하는 것이 가장 효과적이라는 것이 이들의 설명. 이들은 빵을 찍어 먹기도 하고, 신선한 채소에 식초와 약간의 소금, 올리브유를 듬뿍 곁들인 샐러드를 거의 매일 먹는다. 자연이 수천 년 동안 인류에게 선사한 보물이란다.

바에싸에 가까워지면 먼발치에 높고 평평한 언덕 위에 하얗게 펼쳐지는 도시 우베다가 눈에 들어온다. 뾰족히 솟아있는 대성당의 종탑이 마치 등대처럼 보인다. 우베다와 바에싸는 10km거리를 두고 거의 비슷한 높이에 나란히 위치해 있으며, 지리와 역사, 예술로 통합되어 있다. 16세기 카스티야와 안달루시아 간의 활발했던 무역 덕분에 소설 "돈키호테"에 등장할 만큼 당시에는 스페인의 10대 주요 도시 중 하나로 꼽혔었다. 또한 마드리드 궁정과 교계에서 중요한 위치를 차지하는 귀족 일가가 이 두 도시에 각각 거주하고 있었다. 이러한 모든 상황 덕분에 두 도시 간에 어느 쪽이 더 아름다운지 경쟁이 벌어졌고, 스페인에서 유일무이한 경우로 매우 독특한 예술적 역사적 유산을 낳았다.

바에싸에 도착해 빠세오 데 라 콘스티투시온에 차를 세우고 인접해 있는 사자의 광장에서 우리의 산책은 시작된다. 망망대해 올리브 바다 한가운데 위치한 이 도시에는 르네상스 양식의 건축물들이 이슬람 성벽의 유적과 중앙 분수대에 있는 이베로 조각 그룹과 함께 공존한다. 사자의 광장 한가운데 있는 분수대는 2,500년 전의 이베리아 여신으로 추정되는 조각상을 사자상들이 에워싸고 있다.

사자의 광장 by diputación provincial de Jaén

　　이슬람 성벽의 아치 옆에는 1526년 도시를 방문했던 카를로스 5세를 맞이하기 위해 만든 또 다른 성벽이 세워져 있다. 이 광장 가까이에 산타 마리아 광장이 있는데 둘 다 상징주의 건축적 구성으로 이탈리아 도시의 공공 광장을 연상시킨다. 사자의 광장에는 공공기관들이 들어서 있는 반면, 산타 마리아 광장은 종교 시설을 중심으로 형성되어 있으며 두 광장을 연결하는 거리는 정부와 교계의 동맹을 상징한다. 산타 마리아 광장에 도착하면 역시 아름다운 르네상스 분수가 먼저 보인다. 광장에는 서로 다른 시대에 세워진 다양한 형태의 건

by diputación provincial de Jaén

축물들이 조화를 이루고 있는데 그중 단연 압도적으로 눈길을 끄는 것은 르네상스 건물인 대성당이다. 16세기에 지어진 이 대성당에는 이슬람 사원 유적과 일부 고딕의 요소도 남아있다. 대성당을 둘러싼 주변 지역을 걷다보면 중세시대 한복판에 이미 들어와 있는 느낌이다.

산타 마리아 광장에서 까예 산타크루즈를 따라가면 산타크루즈 광장으로 이어진다. 이 광장에는 역시 같은 이름의 산타크루즈 성당이 있는데 1227년 카톨릭 세력이 도시를 정복하고 처음으로 세운 성당이다. 둥근 아치로 장식된 정문과 단순한 외관은 후기 로마네스크 양식으로 분류되며 안달루시아에서는 보기 드문 양식이다. 내부에는 후에 증축된 두 개의 고딕 양식 예배당이 있지만 지금은 사용이 멈추어 늘 폐쇄되어 있다. 다만 세마나산타 기간에는 개방되며 그 안에 전시된 두 점의 성물을 모시고 나와 시민 성도들에게 선보이는 행진을 한다. 바로 맞은편에는 이 광장의 보물이자 바에싸의 상징으로 여겨지는 하발낀또 궁전(15세기)이 있다. 다이아몬드 문양의 장식으로 장식된 화려한 벽면은 무데하르 양식이고 정문의 양쪽에 세워진 거대한 두 개의 기둥은 모카라베 양식으로 장식되어 있다. 후기 고딕 양식의 곡선과 뾰족한 아치가 문과 창문을 장식하고 있고 내부의 섬세한 중정은 르네상스, 계단은 화려한 바로크식으로 장식되어 있다. 하발낀또 후작 일가의 궁전으로 세워졌으며 현재는 안달루시아 국제대학의 안토니오 마차도 본부가 있다.

하발낀또 궁전 by diputación provincial de Jaén

하발낀또 궁전 옆에는 후기 르네상스 건물인 구 대학 건물이 있다. 이 작은 도시에 대학과 대성당이 있다는 것은 당시 이 도시의 중요도와 무게감을 말하고 있다. 벽에 이 대학에서 학업을 수료한 학생들의 이름과 축하메시지가 적힌 붉은 낙서가 여전히 남아있는 이곳은 1538년에 설립되어 1824년까지 운영되었다. 그 후 일반 학교가 되었는데, 스페인의 위대한 시인 중 한 사람인 안토니오 마차도가 1912년부터 1917년까지 교사로 근무한 것으로 유명하다. 그의 작품의 일부는 바에싸와 그가 산책하기 좋아했던 주변 들판에서 영감을 받았다고 하는데 그의 아름다운 시 가운데 가장 유명한 시 한 편을 소개한다. 번역이 어설프다.

나그네여, 길은 당신의 발자국일 뿐
나그네여, 원래 길이란 없다네.
당신이 걸어 길이 되었네.
당신의 발자욱은 길을 만들고
돌아보면 길 하나 놓여있네.
결코 돌아갈 수 없는 길.

바에싸를 떠나 우베다로 향하는 길. 싯구를 곱씹어 본다. 지나온 길을 돌이킬 수 없는 삶에 비유한 고찰이 돋보인다.

우베다에 도착해 까예 레돈다 데 미라도레스에 차를 세우고 나오니 역시나 광활한 올리브 바다가 파노라마로 펼쳐진다. 과달키비르 계곡으로 끝없이 펼쳐지는 육지의 바다에 올리브 나무의 파도가 쳐 마히나 산맥의 절벽에 가 부딪힌다. 오른쪽으로는 방금 지나온 바에싸가 하얗게 건너다 보인다.

by diputación provincial de Jaén

구도심의 중심부 바스케쓰 몰리나 광장 끝에 있는 르네상스 양식의 살바도르 성당을 향해 간다. 아름다운 성당이 눈길을 잡아끌지만 그에 앞서 광장을 돌아보기로 한다. 광장을 둘러싼 대부분의 건물은 16세기부터 건축이 시작되었다. 이 시기부터는 양식화된 디자인과 계획된 광장을 설계했는데 그 중심에 성당이 있고 나머지 건물들을 배치해 건설했다. 왼쪽에는 단순한 르네상스 라인의 대안 오르테가 궁전이 있는데 스페인에서 가장 오래된 파라도르 중 하나다. 광장 안으로 조금 들어가면 역시 르네상스 양식인 일명 '사슬의 궁전'이 있다. 지붕 양끝에 두 개의 등불이 있는 3층 건물인데 위층의 벽면은 동상들로 장식되어 있다. 이 건물의 공식 이름은 바스케쓰 데 몰리나 궁전이다. 바스케쓰 데 몰리나는 이 궁전을 지은 우베다 출신 정치인으로, 카를로스 5세 황제와 그의 아들이자 후계자 펠리페 2세 시절 장관을 지냈다고 한다. 건물 내부에는 르네상스 안내 센터가 있다.

바스케쓰 데 올리나 궁전 by diputación provincial de Jaén

사슬의 궁전 앞에 위치한 산타마리아 데 알카사레스 성당은 오랜 역사의 흔적이 축적되어 있는 건물이다. 선사시대의 유물을 비롯해 11세기부터 19세기까지 거의 모든 스타일을 한 데 모아놓았다고 해도 좋다. 광장의 한켠에서 하엔 대성당을 건축한 안드레스 데 반델비라의 동상을 볼 수 있는데, 이 인본주의 건축가는 이 광장에 있는 거의 모든 건물을 직접 짓거나 건축에 개입하였다. 그중에서도 최고의 작품은 스페인에서 뿐만 아니라 전 세계에서도 르네상스의 걸작 중 하나로 꼽히는 살바도르 성당이다.

르네상스

르네상스는 인본주의를 기반으로 한다. 즉, 신이 모든 것을 지배한다는 기독교 교리에 대항하여 자기 운명의 행위자로서의 인간을 중시하는 철학적 흐름에 기반을 두고 있다. 중세가 남긴 이 새로운 세계관에서 새로운 시대를 열어가는 르네상스 예술이 등장했다.

14세기 이탈리아에서 태어난 르네상스는 17세기 초까지 유럽 문화의 모든 면에 스며들었는데, 주로 건축, 회화, 조각 분야에서 두드러진다. 스페인에서는 16세기의 초반 수십 년 동안 깊게 뿌리를 내리게 되는데, 카를로스 5세와 이탈리아의 많은 인본주의 귀족들과 긴밀하게 교류하던 다수의 귀족들로부터의 든든한 지원이 있었다. 그리스와 로마 시대가 남긴 서적과 가치들을 회복하고, 그 유적들에서 반원형 아치와 고전 질서를 기반으로 한 조화와 비율의 예술적 매개 변수를 확립했다. 그림이나 조각 등 예술 전반에서 그레코 로마 신화를 주제로 사용하는 것이 일반적이었으며 대부분은 종교와 관련 지어져 있다. 안달루시아에서는 그라나다, 하엔, 코르도바 또는 세비야와 같은 대도시에서 스페인 르네상스의 걸작품들을 찾아볼 수 있다. 우베다와 바에싸처럼 작지만 진보적이며 힘을 가진 도시는 르네상스 시대의 창작자들에게 낙원이었다.

‘까뼤야 델 살바도르(살바도르 예배당)’의 정면을 바라보면 곡선과 직선이 완벽한 조화를 이루고 있다. 이 예배당은 우베다의 또 다른 중요한 정치인 ‘프란시스코 데 로스 코보스’의 사후에 그의 무덤을 안치하기 위해 세워진 건축물로 장례를 주제로 한 조각과 부조로 장식되어 있다. 중앙에서 양 측면으로 연장된 뾰족한 지붕과 양 옆에 세워진 날렵한 탑은 하늘을 향해 오르는 듯한 형태로 이 건물의 궁극적인 의도를 강조하고 있다. 건물의 주재료인 석회암은 세월의 광채를 입어 이 독특한 걸작품에 신비로움을 더욱 가중시킨다.

까삐야 델 살바도르 by diputación provincial de Jaén

내부로 들어가면 넓은 본당 끝에 원형 홀의 중앙제단이 있고 그 앞에는 고급스러운 르네상스 레하가 세워져 있다. 중앙제단 천장의 돔은 윗부분은 세심한 격자 문양으로 장식되어 있고, 그 아래로 창문과 조각 작품이 교차로 장식되어 있다.

성물 보관소는 왼쪽 구석에 붙어 있는데 반델비라가 가장 자유롭게 상상의 나래를 펼친 공간이다. 우선, 기억 자 형태로 디자인된 코너 출입문부터 독특하다. 내부의 조각품과 장식은 인간의 미덕뿐만 아니라 동시에 악마성을

암시하는데, 이는 종교 건축물의 장식으로서는 매우 이례적인 것이다. 천장 역시 아치형이라고 하기엔 그 깊이가 얕은 둥근 형태로 되어있어 일반적으로 기대하는 르네상스 건축물과는 다르게 매우 독창적이며, 안쪽 끝에 사각의 창 하나를 통해 쏟아지는 빛은 형언하기 어려운 비현실적인 분위기를 형성한다. 여행자는 잠시 꿈속에 들어온 듯 한 느낌을 받는다.

살바도르 예배당 내 성물 보관소 입구
by diputación provincial de Jaén

　짧은 꿈에서 깨어나 까예 후안 몬

티야로 이동하는 길에 시청 광장 맞은편에 유명한 도자기 가게가 있어 잠시 들러 보기로 했다. 우베다의 도자기는 대부분 깊은 녹색으로 채색되어 있고 다양한 디자인과 훌륭한 마감을 자랑한다. 수많은 작품들 중 유난히 눈에 띄는 것이 있는데 마치 한 쪽이 깨진 것처럼 깊이 파여 있는 도자기였다. 알고 보니 과거 산모의 출산을 돕기 위해 사용했던 용기로 항아리 위에 산모가 앉아 아이를 출산하면 그 깨진 듯 파인 곳으로 산파가 아기를 받는 방식이다. 상상도 못했던 문화충격이다.

우베다에는 규모가 많이 축소되긴 했지만 여전히 남아있는 도예 구역이 있는데, 까예 발렌시아에 가면 흥미로운 작업 과정과 함께 전시되어 있는 작품들을 볼 수 있고 기념품으로 구매하기도 좋다.

도자기 가게 가까이에 벨라 데로스 코보스 궁전이 있다. 중앙 본체 모서리에는 아름다운 안달루시아식

by alfarería Tito

by De Daniel Villafruela, commons. wikimedia.org

코너 발코니가 있고, 기둥을 잇는 반원형 아치로 형성된 상층의 회랑이 매력적이다. 회랑의 모서리 역시 아래층의 코너 발코니와 같은 형태로 연결성을 주고 있는데 역시 반델비라의 예술성의 발로이다.

이 궁전에서 가까운 거리에는 수 세기 동안 숨겨져 있다가 2007년에 와서야 발굴된 유대인 회당이 있다. 까예 레알을 지나 유대인 지구인 좁은 골목 까예 로께 로하스에 위치해 있는 이 회당은 가이드 투어가 필수다. 지하로 내려가면 둥근 아치형 천장 아래 기도실이 있는데 1492년 스페인의 유대인 추방 정책 이후 오랜 세월동안 은밀하게 기능했다 한다. 회당의 지하 한 쪽 방에는 커다란 항아리들이 반쯤 땅에 묻혀 있는데 기름이나 음식을 저장하는 용도였다고 한다.

이 건물에서 매우 특이한 것은 '미크바'라 칭하는 희랍식 침례의식을 위한 욕탕이다. 온전히 보존되어 있어 그 가치를 높이 평가받고 있는데, 가장 낮은 층에 위치한 이 좁은 방의 입구는 커다란 바위에 구멍을 내어 사람이 드나들

유대인 회당 지하 by Bobo Boom, commons.wikimedia.org

수 있도록 했고, 안에는 사람이 완전
히 잠길 정도 깊이의 탕이 있다. 계단
이 있어 탕 안으로 들어갈 수 있었고,
탕의 벽면에서 물이 끊임없이 흘러
들어오며 탕을 채운 물은 흘러 나가
도록 설계되어 있어 늘 깨끗한 수질
이 유지된다. 히랍식 침례의식에 있
어 깊은 우물과 흐르는 물, 두 가지가
필수 조건이라 한다.

유대인 회당을 나와 근처의 까예
레알을 산책하며 상점을 기웃거리다
가 테라스에 앉았다. 맥주 한 잔을 기
울이며 고단한 다리를 쉬어주자 이
곳이 마치 천국같다.

by diputación provincial de Jaén

시에라 데 세구라

음악과 시의 마을 세구라

by diputación provincial de Jaén

안달루시아의 북동쪽에 있는 거대한 세구라 산맥. 그 대자연의 한복판에 있는 아름다운 마을 세구라 데 라 시에라로 향한다. 97km의 여정이 만만치는 않지만 고된 여정을 감수할 만한 가치는 충분하다. 드넓은 올리브밭이 끝나는 곳에는 어김없이 우뚝 우뚝 솟은 산세가 펼쳐진다. 세구라 산맥은 유네스코가 지정한 생물권 보호 구역으로 특히 조류 보호 구역이다.

우베다에서 약 75km 떨어진 곳에 A-310(푸에르타 데 세구라) 방향으로 우회전하여 계속 이동하다보면 이 마지막 마을 푸에르타에 도착한다. 이 마을을 가로지르면 또 올리브밭이 이어지고 먼저 오르세라라는 작은 마을이 나온다. 소박하지만 아름다운 르네상스 외관의 성당 앞에서 잠시 멈추어도 좋겠다. 성당의 왼쪽 좁은 골목을 따라 동굴과 집시가 있는 작은 사크로몬떼로 올라가면 미로와 같은 마을의 풍경 너머 펼쳐지는 전망이 원시의 그것이다. 이 마을 오르세라의 왼쪽 산봉우리를 올려다보면 그 꼭대기에 하얗게 씌워진 왕관처럼 세구라 데 라 시에라가 보인다. 정면으로는 중세 기사들의 철모를 닮아 '옐모(투구)'라 불리는 산봉우리가 올리브밭으로 연결되어 마치 커다란 개가 주인의 몸짓에 주의를 기울이며 엎드려 있는 것처럼 보인다.

　　오르세라에서 8km 굽이길을 오르면 세구라에 도착한다. 오르는 동안 세구라는 눈앞에 나타났다 사라졌다를 반복하며 여행자를 유혹한다. 굽이길의 마지막 굴곡부 오른쪽에 약 1,200m 높이의 전망대가 있다. 잠시 차를 세우고 건너다보는 세구라의 풍경은 높은 산봉우리 위에서 하얗게 스카이라인을 그려 여행자의 온갖 상상력을 불러일으킨다. 한편, 마을 아래로 광활하게 펼쳐

지는 산악 풍경은 태고의 신비를 그대로 간직하고 있는 듯하다. 마을을 두르고 있는 성벽은 뾰족한 성당 언저리에 다닥다닥 붙어있는 하얀 농가와 마을 꼭대기의 성을 연결하는 탯줄이다. 마을 뒤로는 아찔한 절벽이 미끄러지며 푸른 옐모까지 이어지는 계곡이 천미터 아래까지 떨어진다. 그 사이로 패러글라이더나 행글라이더가 떠다니는 광경이 심심찮게 눈에 띄고, 매년 여름이면 에어스포츠 페스티벌이 이곳에서 개최되어 세계 최고의 전문가들을 불러 모은다.

까예 산 비센테에 주차한 후 메인도로를 따라 오르면 주민센터 격인 관공서와 함께 마을 중심으로 들어가는 문이 보인다. 두 건물 모두 16세기에 세워진 르네상스 작품이다. 문을 들어서면 전망대가 먼저 나타나는데 동상 하나가 눈길을 끈다. 이 마을 세구라 출신의 시인 '호르헤 만리께(Jorge Manrique, 1440-1479)'의 동상으로 옐모와 함께 펼쳐지는 환상적인 풍경 따위는 아랑

곳 하지 않고 독서에 집중하고 있는 모습이다. 역시 스페인 최고의 시인이었던, 고인이 된 아버지를 기억하며 그의 시를 읽고 있다.

우리네 삶은 강이다.
강은 바다로 가 스스로를 내어준다.
그것은 죽음…
매한가지다.
부자들이나
그들의 손에 사는 사람들이나

호르헤 만리께는 성당 옆 르네상스 외관을 가진 집에서 태어났고, 그 발 아래 광활하게 사방으로 펼쳐진 녹색의 바다와 우뚝 솟은 옐모가 마주 보이는 자연 속에서 그의 탁월한 감성이 자랐다.

수수한 성당은 안달루시아의 여타 호화로운 성당과는 거리가 멀다. 하지만 요새와 같은 견고한 벽채와 뽀족한 마녀 모자를 닮은 종탑이 하늘을 향해 솟은 모습은 주변의 풍경과 아름답게 어우러진다. 한편, 성당 앞의 분수대는 1517년 카를로스5세 황제의 즉위 기념으로 만들어진 것으로 좀 더 격조 있는 옷을 입게 되

by diputación provincial de Jaén

었다. 고딕과 르네상스 양식으로 네 개의 얇은 기둥이 조각되어 있고, 중앙에는 날개를 편 독수리 형태의 제국의 문장이, 양 측면에는 방패가 새겨져 있다.

분수에서 경사면의 골목을 내려가면 예수회 성당이 있는데, 외관은 단순하지만 품격 있는 고 가구로 채워져 있다. 이전에 예수회 성당이었던 이곳은 미사 소리는 이미 오래전에 멈췄지만 놀라운 공명을 가진 공간으로 여전히 남아있다.

하얀 집들 사이의 좁은 골목을 따라 내려가면 아랍식 목욕탕 유적이 남아 있다. 골목이 끝나는 지점, 이 작은 마을의 끝에 이르면 16세기 아치와 함께 둥근 지붕을 가진 작은 공간의 건축물이 있다. 남아있는 성벽 중 비교적 잘 보존된 '까떼나 탑'으로, 여기서 바라다 보이는 옐모는 중세시대 병사의 철모의 완벽한 초상화를 보여준다. 바로 옆에 있는 아랍식 목욕탕은 유적으로 발굴되기 전까지 가축의 우리로 사용되었다는 사실이 믿기지 않을 만큼, 크기는 작지만 내부 인테리어가 잘 보존되어 있다.

안달루시아 음악

안달루시아 음악에 플라멩코만 있는 것은 아니다. 안달루시아의 클래식 작곡가로 마누엘 데 파야와 엔리께 그라나도스가 있고, 위대한 기타리스트 안드레스 세고비야는 하엔의 소도시 리나레스에서 탄생했다. 무엇보다 안달루시아는 전 세계의 작곡가들에게 끊임없는 영감의 원천이었다. 안달루시아 전역에서 매년 클래식 음악 축제가 열리는데 그라나다, 우베다 그리고 기타 축제가 열리는 코르도바 등이 있고 세구라의 음악 페스티발도 빼놓을 수 없다. 2014년부터 이 지역 출신의 한 청년 음악가에 의해 시작되어 매년 개최되는 세구라 음악 페스티발(Musicaensegura. com)은 여러 면에서 매우 독특하다. 엘모를 배경으로 광활하게 펼쳐진 올리브밭 사이로 불뚝 불뚝 서 있는 이슬람 탑들이 내려다보이는 너른 숲이나 강변 같은 야외 공간이나 유명하지 않지만 공명이 훌륭한 작은 예수회 성당, 심지어는 올리브유 공장 같은 특별한 공간에서 치러진다. 매년 봄에 열리는 연례행사로 스페인과 해외의 재능있는 젊은 음악가들로 구성하여 클래식 음악 외에도 재즈, 플라멩코 또는 민속음악 등 다양한 프로그램으로 진행된다. 이는 음악을 좋아하는 관광객들과 지역 주민들이 마음을 열고 맥주나 와인을 나눠 마시며 서로를 알아가는 장이면서, 노인세대부터 어린이에 이르기까지 한데 어울려 세대 간의 화합을 도모하는 역할도 톡톡히 해내고 있다. 이 축제를 위한 자금 조달 방식도 스페인에서는 매우 드문 형태인데, 지역사회의 소기업이나 주민, 지역 출신의 외지인 등의 사적인 기부로 충당된다. 매우 의미있는 일이다.

끝으로 마을의 꼭대기에 있는 세구라 성으로 오른다. 소풍가는 기분으로 운동화 끈 단단히 메고 물 한 병 들고 천천히 올라가 보기로 한다. 이슬람 시대에는 이 성을 '독수리 둥지'라고 불렀다고 한다. 깊은 산속에 위치해 언제나 독수리나 매 등 맹금류들이 유유히 창공을 선회하는 모습이라 고개가 끄덕여 진다. 성 앞을 둘러싼 광장에는 중세 수조와 아랍식 목욕탕 유적이 있고, 산타 아나에게 헌정된 13세기의 작은 예배당이 있다. 거대한 기념탑 안에 들

by diputación provincial de Jaén

어가면 중세 의상을 입은 몇 개의 마네킹이 전시되어 있는데, 1241년 세구라를 정복한 사도 전사의 계급인 산티아고 교단을 기억하기 위함이다. 호르헤 만리께도 그들 중 일원이었다.

솔직히 말하자면 성 자체에서 큰 감흥을 받기는 어렵다. 그러나 여기서 둘러보는 압도적인 풍경에는 탄성이 절로 나온다. 발 아래로 예쁜 장난감 마을처럼 보이는 세구라와 저 멀리 이미 우리의 동반자가 되어있는 옐모와 또 다른 마을 오르세라, 올리브 나무 사이에 우뚝 솟아있는 세 개의 이슬람 탑들. 이 탑들은 적의 침략을 알리기 위해 낮에는 거울로 햇빛을 반사해서, 밤에는 연기를 피워 신호를 주어 이 성에 경고했었다 하니 우리의 봉화대를 연상하게 한다. 성채 뒤로는 거대한 세구라 산맥이 우리의 방문을 기다리고 있다.

라스 아세베아스(호랑가시나무 숲) 트래킹

우리는 세구라 성에서 출발해 약 10km를 이동하여 JF-7012 도로의 20km 지점에 있는 아세베아스 진입로에 차를 세우고 트래킹을 시작했다. 산악도로는 굽이굽이 곡선으로 가득 차 있고 도로 양 옆으로 펼쳐지는 아름다운 산악 풍경을 만끽할 수 있는데, 산기슭을 빠르게 오르는 산양 무리가 보이는가 하면 불쑥 나타난 멧돼지 가족이 도로를 가로지르는 모습도 보인다. 엄마 아빠 멧돼지가 앞뒤에 서서 새끼 돼지들을 줄세워 이동하는데 멧돼지가 그렇게 예쁠 줄 몰랐다. 세구라 성에서 출발하여 6.5km를 지나 첫 번째 교차로에서 우회전, 그 후 약 2.5km지점의 두 번째 교차로에서 좌회전하면 이내 아세베아스 입구에 도착하게 된다.

　트래킹은 약 3km 거리를 왕복하는 코스로 이동 시간은 약 2시간이면 충분하다. 초반 600m는 완만하게 그늘진 숲을 지나게 되는데 아침의 상쾌한 공기와 흙 냄새, 나무 냄새가 자꾸만 심호흡을 부른다. 여기까지는 한국의 등산로와 크게 다르지 않다. 그러나 유럽의 남부 산악지역은 빙하기의 잔재로 귀중한 생태적 가치를 가진다. 어렸을 적 그렸던 크리스마스카드에는 늘 잎이 뾰족뾰족한 나뭇잎 두 장과 그 사이에 빨간 열매가 등장했는데 그것이 호랑가시나무라는 것은 어른이 되고 나서야 알게 되었다. 호랑가시나무는 대부분 반 사막지역인 안달루시아 지역에서는 좀처럼 볼 수 없는 수종으로 엄격하게 보호받고 있다. 곧게 자라는 미루나무나 포플러 등이 있고, 특히 개암나무가 많아 머리 위에 그늘을 드리운다. 아이비 같은 덩굴 식물들이 다른 나무들을 에워싸고 공생하는 모습이며 골짜기의 땅 밑으로 숨어 흐르는 물소리가 온갖 새소리와 함께 선사하는 자연의 음악소리를 더해 마치 동화 속을 걷는 듯한 느낌이다. 한국의 어느 산을 걷는 듯한 착각도 불러일으킨다.

걷다보면 두어 채의 집이 나타나는데 여기서부터는 습한 숲은 사라지고 전형적인 안달루시아 산의 모습으로 반전이 펼쳐진다. 우리나라에서는 볼 수 없는 이국적인 풍경과 함께 오른쪽으로는 1639m 높이의 나발페랄산의 정상이 보이며 경사로가 시작된다. 첫 번째 섹션에서는 소나무와 지중해의 떡갈나무, 졸참나무 등이 보이며 아직은 틈틈이 그늘이 있어 작열하는 태양 빛을 피할 수 있다. 그렇게 1km를 더 가면 그림자는 완전히 사라지고 우리는 온몸으로 태양 빛의 공격을 견뎌내야 한다. 그 댓가로 광활한 산맥의 풍경이 열리는데 온통 푸르른 숲 사이로 우뚝 우뚝 솟은 기암괴석들과 숨겨진 골짜기에서 피어오르는 물안개가 연출하는 장관이 발 아래로 펼쳐진다.

정상에 오르면 넓은 모래흙 벌판이 열리고 왼쪽 끝에 하얀 건물 하나가 보인다. 산을 관리하는 초소로 가장 전망이 좋은 곳이다. 사방으로 둘러싸인 산맥 풍경 속에 멀리 세구라가 보이고 뱀처럼 구불거리는 산악도로도 내려다보인다. 이 산의 한 골짜기에서 과달키비르가 태어나 안달루시아 전역을 횡단하고 우리의 여정은 그를 따라 계속된다.

NTRA SRA DE
LA PAZ Y
ESPERANZA

03   [문화의 교차로 코르도바   ]

코르도바는 안달루시아의 북쪽 중심에 위치하고 있다. 도시는 안달루시아에서 가장 큰 강인 과달키비르(아랍어로 큰 강을 의미함)를 따라 하엔 지방을 지나 펼쳐지는 비옥한 평야에 걸쳐있다. 그라나다나 세비야만큼 잘 알려지지는 않았지만, 오히려 그보다 더 영광스러운 과거를 가진 안달루시아 도시이다.

by turismo de cordoba(IMTUR)

조언 : 자동차로 코르도바에 도착하여 구도심에 머물 예정이라면 도착 전에 호텔 등 숙소에 문의하는 게 좋다. 그렇지 않으면 미로와 같은 좁은 골목길 운전을 피할 수 없어 길을 잃거나 차가 손상되기 십상이며, 주차하기도 만만치 않다. 성벽 밖이라 해도 구도심 접근성이 좋고 주차 공간도 넉넉하므로 가급적 성벽 밖의 숙소를 추천한다. 이 점은 거의 모든 도시에 해당한다.

도시 산책은 로마 다리에서 시작해 보자. 이 331m 길이의 다리는 열여섯 개의 아치로 2,000년이 넘는 세월을 지지하고 있다. 711년 이베리아 반도를 침공한 이슬람 세력은 여타의 다른 도시들과 마찬가지로 폐허에 가까운 도시를 재건해 냈다. 이 다리에서 도시를 바라보면 예술과 자연을 결합한 파노라마 전망을 즐길 수 있다. 정면에 대성당 모스크와 왼쪽으로 보이는 카톨릭 군주의 왕궁을 바라보고 있자면 새들의 지저귐과 강을 흐르는 물소리가 뒤섞여 귀를 간지럽힌다. 다리 주변에 수많은 종류의 동물들이 살고 있는 작은 자연 보호구역 알볼라피아에서 그 주인들이 들려주는 이야기다. 알볼라피아의 한 가운데에는 큰 바퀴가 달린 오래된 물레방앗간이 있다. 9세기의 아랍 건축물로 분류되지만 로마 시대에 이미 세워져 있던 초기 모델에 무슬림들이 완성도를 높인 것이라고 알려져 있다.

by turismo de cordoba(IMTUR)

로마, 알 안달루스와 서부지역

로마인들은 코르도바를 스페인 베티카 지방의 수도로 세웠다. 코르도바는 비옥한 땅, 풍부한 광물 매장지이자 반도 남쪽의 중앙에 위치해 있다. 이 풍요로운 땅이 철학자 세네카나 시인 루카누스와 같은 위대한 인물들을 이곳에서 탄생시킨 배경이라 하겠다. 그러나 가장 영화로운 시기는 이슬람과 함께 찾아왔다. 아랍인들은 8세기 초 코르도바를 스페인 이슬람 영토인 알 안달루스의 수도로 삼고, 로마의 위대함을 인식하고 로마의 기술, 예술 및 과학 지식의 많은 부분을 그들의 문화로 끌어안았다. 스페인 이슬람이 가장 화려했던 10세기, 알 안달루스는 이베리아 반도의 3분의 2를 영토로 확보하고 코르도바는 그 수도가 되었다. 당시 인구 30만이었던 코르도바는 서유럽에서 가장 크고 가장 현대적인 도시로 파리나 런던의 최소 10배 크기였다고 한다. 아프리카에서 캐러밴으로 실어 온 금으로 하수도, 병원, 도서관 등을 짓고, 아프리카, 아시아 또는 비잔티움에서 온갖 고급 제품들을 들여오게 된다. 높은 경제 수준은 문화와 과학 분야의 커다란 발전으로 이어졌다. 이 코르도바 이슬람 왕국에서 그리스와 로마의 문서가 복구되었으며 이는 후일 카톨릭 시대에 현대 과학을 강화하는 데 활용되었다. 따라서 코르도바의 이슬람 왕국이 없었다면 지금의 서양 문화는 불가능했을 것이다.

by turismo de cordoba(IMTUR)

다리를 건너 16세기 기념문을 통과하면 메스키타 대성당(이슬람 사원 모스크를 스페인어로 메스키타라고 한다. 메스키타와 대성당이 공존하므로 일단 이렇게 명명하고 후에 자세한 설명을 할 기회가 있을 것이다.)의 벽체로 연결된다. 왼쪽에는 코르도바의 수호 천사 산 라파엘의 동상을 머리에 이고 있는 기둥이 있다. 코르도바 사람들은 1651년 심각한 페스트 전염병을 극복하기 위해 라파엘에게 도움을 구했던 이후 현재까지 그를 숭배한다고 한다. 도시 곳곳에서 산 라파엘의 동상을 만날 수 있다.

유일무이의 대성당 메스키타

전형적인 이슬람 건축에서 보이는 말굽 모양의 아치로 된 우아한 문이 보인다. 전체 모스크는 서고트족의 건축 유산인 말굽 모양 아치로 지지되고 있다. 로마 변방에 살던 게르만족의 일부인 서고트족은 로마제국의 쇠퇴와 함께 히스파니아를 포함한 서부 지역을 점령하여 549년부터 이슬람 침공까지 이베리아 반도와 프랑스 일부를 통치했었다.

by turismo de cordoba(IMTUR)

문을 지나 오렌지나무 정원으로 들어선다. 향긋한 오렌지 꽃 향기가 은은하게 풍기는 봄의 이 정원은 너무나 매력적이다. 크든 작든 모든 모스크는 중정, 미나렛이라고 불리는 탑, 기도실 세 부분으로 구성된다. 신자들은 성전에 들어가기 전 공식적인 의식으로 씻어야 하는데, 코란의 구절을 낭송하며 손,

얼굴, 팔, 머리와 발을 세 번 씻었다. 이 정원에도 그것을 위해 여러 개의 수도 꼭지 같은 관에서 물이 흘러 나오지만, 700여 년 전 1236년 카톨릭 정복 이후 그 기능은 멈추고 지금은 분수대 형태로 남아 있다. 정원 구석에 서 있는 탑 역시 이슬람의 미나렛에서 16세기에 카톨릭 종탑으로 탈바꿈했다. 여기까지는 누구에게나 열려있는 공간이고, 모스크의 세 번째 주요 요소인 기도실 방문을 위해서는 티켓을 구입해야 한다. 기도실은 786년 코르도바의 첫 번째 주권자 압데라흐만 1세가 건축을 시작한 가장 오래된 부분을 통해 들어가게 되는데, 그 후 1002년까지 계속해서 확장을 거듭하며 건축되었다.

코르도바 모스크를 처음 방문하는 사람이라면 누구나 지금까지 어느 곳에서도 보지 못했던 그 독특함에 눈이 번쩍 뜨일 거라 감히 장담한다. 광대한 방 위에 대리석, 벽옥, 화강암의 무수한 기둥들 위로 붉은 색과 흰색을 번갈아 장식한 아치들이 떠 있다. 윗부분은 반원형, 아랫부분은 말발굽 형태로 이중으로 되어 있어 겹겹으로 펼쳐지는 아치들의 행렬은 카톨릭의 기도와 함께 무슬림의 기도가 여전히 공중에 떠 있는 느낌이다.

압데라흐만 1세

예언자 무하마드의 사망 후 100년 동안 이슬람 제국을 지배하던 우마이야 왕조가 751년 새로운 왕조 압바스에 의해 전멸되었다. 그중 기적적으로 학살을 피한 압데라흐만은 살아 남기 위해 가능한 먼 곳으로 도망쳐 756년 알 안달루스에 도착하게 된다. 그리고 이 머나먼 곳 코르도바의 영토를 점령하여 스스로 왕조가 되고, 바그다드의 압바스 왕조로부터 독립을 선언하기에 이른다.

by turismo de cordoba(IMTUR)

by turismo de cordoba(IMTUR)

당시 이 사원은 대담한 구상으로 위대한 건축적 업적을 이루었다. 18칸의 본당으로 구성된 기둥과 아치의 숲은 겹쳐진 아치를 기반으로 지어진 로마 도시에서 영감을 받은 것으로 알려진다. 이 철저하게 계산된 디자인의 아치 덕분에 무게가 둘로 나뉘어 하중을 덜어준다. 참신한 점은 로마 건축의 코린토식 기둥 같은 거대한 기둥이 아니라 이슬람 건축의 특징인 얇고 단단한 기둥으로 모든 무게를 지탱한다는 것이다. 입구에서 왼쪽으로 몇 걸음 나아가면 과거의 또 다른 모습을 찾을 수 있다. 두 번째와 세 번째 갤러리 사이 바닥면에 유리로 덮인 작은 구멍을 들여다보면 6세기에 지어진 오래된 기독교 건물의 유적이 보인다. 바닥에는 기하학적 문양의 모자이크, 십자가 및 기타 기독교를 상징하는 물건들이 전시되어 있다.

by turismo de cordoba(IMTUR)

같은 방향으로 조금 더 이동해 넓은 중앙 본당을 지나면 플라스틱 칸막이로 보호되는 검은 기둥이 보인다. 회전하는 선의 장식이 불규칙한 간격으로 훼손된 모습이 관찰된다. 얼마 전까지만 해도 일부 코르도바 사람들이 동전으로 이 검은 기둥을 긁는 장난을 했다고 한다. 왜 보호막이 있는지 이해가 된다. 동전으로 긁으면 화학 반응으로 유황 냄새가 났다고 하는데 기독교에서 유황 냄새는 지옥의 냄새를 의미한다. 아마도 불구덩이 지옥을 연상하는 것이렸다.

　　중앙 본당으로 돌아오면 다른 공간에 비해 더 넓을 뿐만 아니라 모든 기둥이 분홍빛을 띄고 동일한 모습을 하고 있다. 다른 본당의 천장은 하얀 회벽이 그대로 드러나 있는 것에 비해 이 중앙 본당의 천장은 아름다운 조각과 채색으로 장식한 목재로 되어 있다. 이 중앙 본당의 끝 벽면 뒤에 '미흐랍(mihrab)'이 있는데 이곳은 곧 지도자가 기도를 인도하는 특별한 공간이며 신에게 기도를 전달하는 신성한 길이었다.

by turismo de cordoba(IMTUR)

미흐랍 방향으로 향하다 보면 이슬람 기둥이 끝나고 갑자기 고딕 기둥이 등장하는 구역이 나타난다. 그 기둥들을 지나면 어느새 이 대성당 모스크에서 가장 흥미로운 지점에 들어와 있는 자신을 발견하게 된다. 여기서 그냥 모스크 대신 '대성당 모스크'라는 표현을 쓰는 이유이다. 이슬람을 대표하는 이 거대한 모스크의 복판에 뜬금없이 카톨릭 성당이 떡 하니 나타난다. 8~10세기 이슬람 건축물 안에 흰색 석조 건축물이 눈앞에 나타나다니! 그러나 아직 갈 길이 남았으므로 대성당 이야기는 잠시 미루어 두기로 하자. 바로 오른쪽에는 15세기의 아치형 천장이 있는 고딕 양식의 소예배당이 있다. 몇 개의 아치와 벽면으로 이루어져 있는데 벽면에는 기독교인들에게 죄의 대가를 상기시키는 의미의 악마, 해골, 용 및 기타 형벌을 받는 인물 그림으로 장식되어 있다.

by turismo de cordoba(IMTUR)

중앙 본당을 계속 따라가면 벽옥 기둥의 위쪽에 말굽 아치가 있는 또 다른 스타일의 르네상스 양식을 발견하게 된다. 그 아치 사이를 따라가면 알 안달루스의 가장 영화롭던 시절인 우마이야 칼리파 시대에 세워진 구역에 들어선다.

우마이야 칼리파국

10세기 초, 안달루시아 압데라흐만 3세는 대부분의 이베리아 반도와 북아프리카의 일부를 지배했다. 위대한 군인인 그는 과학과 예술에도 지대한 관심이 있었다. 강력한 지도력을 가진 그는 929년에 스스로 칼리파임을 선언하기로 결정한다. 칼리파는 왕인 동시에 이슬람에서 로마의 교황에 비교할 수 있는 영적 지도자를 의미한다. 이론적으로는 하나의 칼리파만 가능하지만, 당시 공인된 바그다드 칼리파 외에 카이로에 또 하나의 칼리파가 있었다. 압데라흐만은 자신만이 다마스커스의 고대 칼리파의 후손이라 생각했기 때문에 이른바 '코르도바 칼리파' (929-1031)를 세웠고, 그 권위를 세우기 위해 거대한 궁전 단지 '메디나 아싸아라'를 비롯해 화려한 도시를 건설하도록 지휘한다. 덕분에 현재 코르도바 시내에서 북서쪽으로 6km 떨어진 곳에 세계에서 유일하게 보존된 칼리파 도시의 유적이 있고, 유네스코가 2018년, 이곳을 세계문화유산으로 지정했다.

입구에 있는 안내 센터를 먼저 들러 안내를 받아 둘러보기로 하자. 현재 면적이 11평방킬로미터가 넘는 도시 유적 중 궁전 구역을 둘러 싼 10 % 정도만 발굴된 상태다. 칼리파의 궁전은 가장 높은 곳에 위치해 있어 칼리파의 힘을 강조하고 있다. 궁전의 발 밑에는 정원, 산업시설, 사원 또는 군사시설 등으로 구성된 도시가 뻗어

by turismo de cordoba(IMTUR)

칼리파 도시 구역의 모스크에서는 세련미와 고급스러움이 눈에 띈다. 예를 들어, 벌집 모양의 대리석 기둥은 기술적으로 매우 복잡하고 섬세하다. 이 럭셔리한 건축물을 식별하는 또 다른 구조는 창문이 있는 큰 돔이다. 비잔틴 양식에서 보이는 갈비뼈 모양으로 교차되는 형태의 지붕으로 미루어 볼 때, 비잔틴 장인이 코르도바에 유입되었던 것이 확인된다. 이 돔의 육중한 무게는 여러 개의 작은 아치를 연결하여 꽃무늬를 형성하는 더 화려하게 진화된 아치

by turismo de cordoba(IMTUR)

들로 떠받치고 있으며, 기존의 카톨릭 성당 건물들에서 사용되었던 단순한 고딕 양식의, 십자로 교차되는 형태도 일부 보인다.

끝 부분에 보이는 미흐랍은 안달루시아 예술의 정점을 보여준다. 앞에서 미흐랍이 기도를 인도하는 공간이자 가장 화려하게 장식된 곳이라고 언급했는데, 그 화려한 아치들로 이루어진 구조물 위에 새롭게 조명이 더해졌다. 뒤쪽 벽면에 '막수라'라는 공간이 있는데 전용문을 통해 칼리파와 그의 가족만이 모스크로 들어갈 수 있는 공간이다. 미흐랍에

by turismo de cordoba(IMTUR)

서는 눈에 띄는 또 하나의 훌륭한 비잔틴 작품은 금, 청금석, 공작석 같은 다양한 빛깔의 보석을 혼합해 장식한 부분이다. 금은 주로 비잔티움의 색이고 녹색은 이슬람의 색이라고 한다.

마지막으로 미흐랍은 남동쪽, 즉 메카를 향해 있는 것이 상식이지만 이곳은 남쪽을 향하고 있어 궁금증을 자아낸다. 측량 오류일 가능성이 높다고 하지만 분명한 이유는 밝혀지지 않았다. 무슬림들이 메카를 향해 기도할 때 절대로 실수하지 않는, 방위 측정에 있어 최고의 전문가들임을 감안할 때 이 미흐랍은 아주 이상한 예이다. 아마도 남쪽에 있던 고대 로마 도시의 형태에 맞게 설계되었을 가능성이 더 크다는 설에 무게가 실리지만, 어쨌든 이 매혹적인 모스크의 미스테리다.

왼쪽으로 꺾어 대성당으로 향하는 부분은 가장 마지막에 확장된 공간으로 10세기 말과 11세기 초 사이에 건축되었다. 당시 칼리파가 위기의 시기에 접어들었음을 새로운 아치의 형태에서 분명하게 볼 수 있다. 이전에는 벽돌과 석회암을 번갈아 이어 붙여 아치를 형성해 만든 것에 비해 여기에는 훨씬 더 단순한 기술과 저렴한 재료를 사용하고 있다. 아치는 모두 돌로 만들어져 있고 벽돌을 흉내 내어 붉은 칠을 해 조잡하다.

by turismo de cordoba(IMTUR)

대성당의 왼쪽 구석에 소성당 사그라리오가 있다. 이 작은 16세기 건물의 고딕 양식의 천장과 이슬람식 아치로 이루어진 공간은 이탈리아의 영향을 받은 흥미로운 벽화로 채워져 있다.

13세기 카톨릭 세력은 이 지역을 점령한 이후 1523년 모스크의 중앙에 르네상스 대성당 건설을 시작했다. 이 계획을 실행하기 위해서는 약 150개의 기둥을 조심스럽게 제거해야 했는데, 남아있는 주변의 기둥들만으로도 전체 구조물이 완벽하게 지지되었던 것으로 보아 이슬람 작품의 견고함이 다시 한 번 증명되었다. 이 대성당 건축을 승인한 건 카를로스 5세 황제인데, 얼마 후 건축을 담당했던 사람에게 "당신은 세상에서 가장 독창적인 것을 파괴했고, 어디에서나 흔히 볼 수 있는 것을 그 자리에 세웠다."라고 했다고 한다. 그가 건축 승인을 크게 후회했다는 것을 알 수 있는 일화다.

어쨌든 작업은 점차 진행되었고 대부분의 형태가 17세기 초에 와서야 매너리즘 스타일의 대성당으로 완성되기에 이른다. 대리석으로 된 중앙제단, 중앙의 커다란 돔, 본당의 천장 등은 바티칸의 시스티나 성당에서 영감을 받았다 한다. 18세기에 와서 아메리카 대륙에서 가져온 마호가니 나무에 화려한 조각으로 장식한 성가대석이 더해 졌는데, 스페인에서 가장 아름다운 성가대석 중 하나로 알려져 있다. 성가대석을 마지막으로 이 대성당의 긴 건축 과정이 마무리 되었다.

모스크를 나와 정원에 심어져 있는 오렌지 나무들을 새삼스럽게 바라본다. 내부에 세워진 기둥들은 불멸의 나무로, 이 정원의 나무들은 유한한 생명으로 교차하며 서로 연결선상에 있는 것이 아닐까. 지상의 삶과 영원 사이 그 어디쯤….

정원 한켠에 있는 종탑은 16세기 말의 단순한 외관이 일부 남아있는 10세기의 오래된 이슬람 미나렛을 둘러싸고 있다. 코르도바에서 가장 높이 올라갈 수 있는 곳으로 54m 높이에서 정원과 모스크 대성당의 지붕뿐만 아니라 도시 전체, 과달키비르강 주변 마을, 심지어 인근 시에라모레나(모레나 산맥)까지 파노라마 전경을 만끽할 수 있다.

by turismo de cordoba(IMTUR)

세계 문화 유산 도시 산책

    메스키타를 나와 그 주변을 둘러 싼 구도심을 돌아보며 그 역사를 읽어 보기로 하자. 이 기념비적인 도시에서 보이는 다양한 흔적들은 무슬림, 기독교인 및 유대인들이 질곡을 넘어 현재에 이르기까지 공존하고 있음을 증명하고 있다. 꽃들의 골목이라는 의미의 '까예하 데 라스 플로레스'에서 시작해 보자. 알록달록한 화분들로 장식된 흰 벽 사이로 대성당의 종탑이 보인다. 무슨 이유인지 모르지만 관광객들에게 가장 많은 사랑을 받는 이 좁은 골목은 사진을 찍는 사람들로 늘 북적인다.

그러나 이곳의 하이라이트는 다양한 상점들, 레스토랑과 긴 세월 잘 가꾸어진 집들로 빼곡한 흰색 미로 유대인 지구라고 생각한다. 오래된 유대교 회당을 향해 유대인 거리 까예 후디오로 향한다. 가는 길에 먼저 우리는 이 도시에서 가장 놀라운 공간 중 하나인 산 바르톨로메 소성당을 지나게 된다.

무데하르 고딕 양식으로 이 건물을 둘러싸고 있는 둥근 천장과 그 아래 유리벽돌로 된 바닥은 15세기

by turismo de cordoba(IMTUR)

원형 그대로 보존되어 있다. 벽면의 아랫부분은 기하학 문양의 타일장식, 윗부분은 화려한 석회 장식이 아름답게 빛나고 있어 그라나다의 알함브라 궁전을 연상케 한다.

같은 골목에서 특유의 코르도바 스타일 중정을 품은 시립 수공예품 시장도 들러보자. 파티오라 불리는 중정은 이 도시의 또 다른 상징으로 후에 다시 자세히 언급할 예정이다. 여기서는 장인들이 가죽, 은, 인형, 종이 조각을 만드는 모습을 직접 볼 수 있어 흥미롭고, 코르도바의 특산품을 기념품으로 구입할 수도 있다.

by www.andalusiansoul.es

유대교 회당은 14세기 초의 무데하르 양식으로 되어 있으며 벽에 히브리어 문자 장식이 보이긴 하지만 일견 아랍식 건물처럼 보인다. '세파르디'라고 불리는 이베리아 유대인은 딱히 자신들의 건축 양식이 없었기 때문에 무슬림 장인과 석공에게 건물을 의뢰했었다. 회당은 스페인의 유대교 세파르디의 역사를 알 수 있기에 충분한 장소이다.

유대인 거리는 구도심 성벽의 알모도바 게이트 옆에서 끝난다. 이 문은 14세기에 기독교인들이 기존에 있던 아랍 문에 덧붙여 지었는데, 이 문을 지나면 유럽 철학에서 차지하는 코르도바의 위치를 확인할 수 있다. 문 앞에 기원전 4년 코르도바에서 태어난 로마 철학자 세네카의 동상이 서있기 때문이다. 그의 사상은 기독교 사상과 서양문화의 인본주의 형성에 막대한 영향을 끼쳤다.

자랑스러운 이 땅의 조상 이름을 따서 '세네키스타'로 정의되는 코르도바 사람들의 성격에 대해 이야기 해 보자. 코르도바 출신 세네키스타들은 겉으

스페인의 유대교 세파라드의 번성과 몰락

로마 통치 기간 동안 수천 명의 유대인이 이베리아 반도에 유입되었는데, 그때부터 그들을 '세파라드'라고 불렸고 그들은 '후데리아'라고 불리는 이 구역에 원주민들에 이웃해 정착했다. 당시 코르도바는 톨레도에 이어 스페인에서 두 번째로 큰 도시였다. 이교도인으로서 박해 받던 이 지역 사람들은 아랍 침공 이후 어느 정도 평온을 누리게 되는데, 세금을 내는 대가로 자신들의 종교를 실천하며 풍습을 유지할 수 있었다. 이들은 이슬람 권력과 손을 잡고 경제적으로나 문화적으로 강력한 그들만의 사회를 만들어 나갔다. 그 과정에 12세기 철학자이자 의사인 마이모니데스와 같은 위대한 인물을 배출했다. 회당에서 몇 걸음 떨어진 곳에 그의 동상이 세워져 있다.

1236년 카톨릭 세력이 코르도바를 정복한 후 유대인에 대한 편협함은 점차 악화되어 1391년에는 박해와 학살이 절정에 이르러 유대인 지구는 파괴되고 만다. 수많은 코르도바 세파르디는 여전히 이슬람 국가를 유지하고 있던 그라나다로 도망쳤고 1492년 카톨릭 군주가 그들을 추방할 때까지 한 세기 동안을 이베리아 반도에 더 머물 수 있었다. 오늘 날 세파르디는 전 세계에 흩어져 있고, 그중 많은 이들은 이스라엘에 잘 정착했을 거라 한다.

by turismo de cordoba(IMTUR)

로는 우아하고 친절하지만 그 내면은 의심이 많고 저항정신이 강하다고 한다. 부정적인 의미라기보다는 개개인이 생활 속의 철학자라는 의미다. 성벽을 따

세네카의 동상 by turismo de cordoba(IMTUR)

라 조금 더 아래에 있는 또 다른 동상의 인물은 코르도바의 철학을 더욱 심화 발전케 했다. 잊혀진 아리스토텔레스의 철학을 번역하고 해석하여 수세기 동안 서구를 비추는 등불을 붙인 또 다른 코르도바인 이슬람 사상가 아베로에스 (12세기) 이야기이다.

다시 문 안으로 들어와 작은 광장을 지나 텐디야스 광장으로 향한다. 코르도바의 상업 및 공동체의 중심지인 이곳은 100년이 채 되지 않았지만 –여기서는 100년쯤 된 곳은 신도시 취급한다– 고대 로마 도시의 중심지역 바로 옆에 자리 잡고 있다. 현대적인 건물들에 둘러싸인 이 넓은 광장 한켠의 테라스에서 커피 한 잔 하며 잠시 휴식을 취하기에 좋은 곳이다. 중앙에는 '그란 카피탄(천하무적)'이라는 명성을 가진 코르도바 장군을 기념하는 승마 동상이 있는데 15세기 말부터 16세기 초까지 가톨릭 군주의 명령에 따라 이탈리아에서

by turismo de cordoba(IMTUR)

싸운 장군이다. 자세히 보면 대리석 두상을 제외한 전체 동상이 청동으로 되어 있다. 이 광장에 시계가 있는데 재미있는 것은 차임벨이나 종소리 대신 기타 연주곡으로 시간을 알린다는 사실이다. 마치 여행자의 고단함을 위로하는 듯 하다.

도시의 상업 중심 거리 곤도마르 거리를 지나 산 니콜라스 데 라 비야 성당으로 이동한다. 눈에 띄는 것은 15세기에 완성된 8각의 고딕 양식의

by Americo Toledano, commons. wikimedia.org

무데하르 타워인데, 13세기 카톨릭 세력이 이 도시를 점령하고 이슬람 사원을 철거하고 그 자리에 성당을 세운 것이다. 같은 방식으로 다른 열한 개의 코르도바 이슬람 사원이 사라지고 성당이 세워졌는데, 페르난도 3세 왕 시대의 일이라 소위 '페르난딘 성당'이라 불리고 있다.

  텐디야스 광장으로 다시 돌아와 클라우디오 마르셀로 거리를 지나면 고대 코르두바(로마 시대의 이름)의 로마 신전 유적이 나타난다. 20세기 중반에 재건된 입구 정면에 여섯 개의 코린트식 기둥과 수로가 보이고 측면에는 10개의 기둥이 있었던 흔적만이 남아 있다. 연구원들에 따르면, 이 사원은 로마 아우구스투스 황제에게 바쳐진 것이라고 한다. 로마인들이 황제를 신으로 여겼음을 감안하면 이것 역시 결국은 종교적인 건축물인 것이다. 이 도시의 화려했

by turismo de cordoba(IMTUR)

던 과거를 좀 더 자세히 알고 싶다면 이 사원에서 고작 5분 거리에 있는 아름다운 르네상스 궁전에 위치한 고고학 박물관을 추천한다.

멀지 않은 곳에 있는 코르도바의 또 하나의 넓은 광장 라 코레데라로 가보자. 17세기에 지어졌고 건물 아래에 아케이드형 갤러리가 있는 정사각형 구조로, 투우 행사에 이상적인 형태로 건축되었다. 오늘날 이곳은 플라멩코 공연이나 콘서트, 축제와 같은 다양한 문화 행사의 중심지로 활용된다. 건물 중 유난히 활기를 띠는 한 건물이 있는데 다양한 음식과 식자재를 판매하는 시장으로 식도락가나 요리에 관심 있는 사람들에게 아주 매력적인 장소이다.

시장 옆에 있는 문을 나가 조금 걷다 보면 포트로 광장이다. 포트로는 스페인어로 '어린 말'을 뜻하는데 광장의 중앙에 어린 말 조각상으로 장식된 16세기 분수가 있어 붙여진 이름이다. 이 광장에는 흥미로운 미술관과 박물관이 있는데, 우선 섬세한 후기 고딕 양식의 건물인 오스피탈 데 라 까리다드(구 자선병원) 건물에 두 개의 미술관이 있다. 하나는 14세기부터 현재까지의 코르도바산 조각과 그림이 있는 미술관이고, 개인적으로 훨씬 더 흥미로웠던 다른 하나는 화가 '훌리오 로메로 데 토레스(1874-1930)'의 작품이 있는 미술관이다.

인기 있는 한 코플라(우리나라의 트로트라고 할 수 있다)의 한 구절을 보자.

"훌리오 로메로 데 토레스, 갈색머리 여자를 그렸네…"

균형 잡힌 구성이 특징인 상징주의 화가 토레스는 안달루시아의 아름다운 여성의 모습에서 영감을 받았다. 사실적인 표현에 녹색, 붉은 흙빛 등 어두운 색 톤의 터치가 인상 깊다. 그의 초상화의 깊이는 부자와 가난한 사람 사이의 현격한 차이를 드러낸다. 특히 작가가 가장 잘 표현한 것은 후자인데 그들의 눈에 깃든 고통과 한을 누구라도 포착할 수 있을 것이다.

　　광장 반대편에는 15세기의 또 다른 역사적인 건물 '포사다 델 포트로'라고 불리는 유명한 건축물이 있다. 화려하고 앙증맞은 화분들이 걸린 하얀 벽으로 둘러싸인 안뜰을 중심으로 아래층은 동물이 머물거나 물건을 보관하는 데 사용되었고 위층은 완벽하게 보존된 목재 발코니가 이어진 숙박 시설이었다. 여행자들이 머물렀던 이곳에 미겔 데 세르반테스(Miguel de Cervantes, 1547-1616)도 묵었다고 하는데 그의 작품 "돈키호테"에도 이 건물이 등장한다. 후에 20세기 중반까지 연립 주택으로 쓰였으며 현재는 플라멩코 박물관이 되었다. 봄과 여름이면 이 중정에서 플라멩코 공연이 열리는데 코르도바의 유명한 플라멩코 가수 포스포리토를 기리는 행사이다. 박물관의 내부를 장식한 현대적인 감각의 흑백 디자인물은 기존 건물의 간결함과 충돌하지 않고, 음악을 표현하는 대화형 패널로 방문객이 플라멩코 예술을 이해하도록 돕는다. 한 방은 위대한 플라멩코 예술가들의 기록 영상물을 제공하며 600여 년에 걸친 이 건축물의 진화를 설명하는 콜렉션이 있다. 매우 추천한다.

by turismo de cordoba(IMTUR)

by www.andalusiansoul.es

포사다 델 포트로 by turismo de cordoba(IMTUR)

포트로 광장 주변에는 썩 괜찮은 레스토랑들이 자리잡고 있다. 대표적인 코르도바 요리로는 살모레호가 있다. 토마토, 물에 적신 빵, 마늘, 올리브오일을 넣어 갈고 소금간을 하여 삶은 계란과 잘게 자른 하몽을 곁들인 차가운 음식으로 주로 여름철에 많이 먹는다. 또 얇게 자른 고기나 햄을 돌돌 말아 빵가루를 입혀 튀긴 플라멩낀이라고 하는 음식, 가지를 얇게 저미거나 길게 잘라 튀겨내어 꿀을 살짝 뿌리는 가지튀김 등이 있다. 곁들여 마시기 좋은 술로는 보통의 와인보다는 살짝 높은 알코올 함량과 강렬한 맛을 지닌 몬띠야 모릴레스 와인을 추천하는데 아주 차갑게 마셔야 한다.

가장 잘 알려진 레스토랑 중 하나는 1908년에 설립된 라스 보데가스 깜포스라는 곳이다. 굳이 음식을 먹지 않아도 오래된 주택과 코르도바식 파티오를 구경할 수 있다. 무엇보다도 와이너리를 채우고 있는 오래된 와인통에 국가 원수부터 유명 배우 또는 예술가에 이르기까지 이곳을 방문한 알만한 인물들의 사인이 되어 있어 그 유명세를 뽐내고 있다.

by turismo de cordoba(IMTUR)

　끝으로, 우리는 루카노 거리를 따라 다시 메스키타로 향한다. 가는 길에 코르도바의 가장 매력적인 골목 중 하나인 까예하 델 빠뉴엘로를 만날 것이다. '손수건 골목'이라는 뜻의 이름이 말해주듯 매우 작고 귀여운 공간인데 현지인의 표현에 의하면 주머니에 쏙 들어갈 만큼 작다고 한다. 이어 까예 데 뻬드로 히메네즈로 들어가면 골목은 점점 좁아지며 그보다 더 작은 공간이 나타나고, 코르도바인들은 이곳을 '세계에서 가장 작은 광장'이라고 한다. 15m² 크기의, 광장이라고 부르기에 어색한 이 작은 공간에 세 개의 문, 분수 하나, 가로등 하나, 햇빛을 갈구하는 두 그루의 오렌지 나무가 있다. 이곳에 부족한 것은 버섯 몇 개와 플라멩코를 연주하는 난장이 뿐이라는 남편의 감상평이 재미나다.

by turismo de cordoba(IMTUR)

카톨릭 왕궁, 왕립 말구유와 중정

모스크 근처에는 1328년에 프랑스 고딕 양식으로 건축된 요새 궁전인 '카톨릭 군주 왕궁(Alcázar de los Reyes Cristianos)'이 있는데, 알폰소 11세 때 일부 남아있던 칼리파 왕국의 흔적을 지우는 작업이 더해졌다. 왕궁이 세워진 후 한 세기 반이 지난 1482년에 카톨릭 군주는 그라나다의 나사리 왕국을 정복하기 위해 이곳에 본부를 세웠고 1492년까지 활용했다. 비슷한 시기에 콜럼버스와 아메리카 대륙으로의 항해 비용에 대한 협상이 시작되기도 했다.

궁에 들어가기에 앞서 성벽에 올라서면 궁과 정원의 전체 풍경이 한눈에 들어온다. 이 성벽에는 네 개의 탑이 있고 그중 사자의 석상이 걸려있는 사자의 탑이 눈에 띈다.

성벽을 내려가면 고대 로마 시대 코르도바의 흔적이 남아있는 일련의 방과 복도를 지나게 된다. 전시물 중 3세기 로마 석관이 흥미로운데, 라틴 문화에서 지하 세계를 의미하는 하데스를 반 개방형 문으로 표현하고 있다. 긴 방에는 3~4세기의 매혹적인 모자이크 컬렉션이 전시되어 있고 건물 안쪽으로 2개의 중정이 있다. 하나는 기존에 있던 로마 건축물을 베이스로 그 위에 세운 고대 아랍 건물의 흔적이 남아 있고, 또 다른 하나는 모리스코식 중정이다. 무데하르 양식 중 하나인 모리스코 중정은 전형적인 안달루시아의 주택 형태로, 중앙에 십자형의 분수가 있고 측면에 두 개의 연못이 있으며 아치로 연결된 기둥들이 정원을 둘러싼 회랑을 이루고 있다.

3세기 로마 석관 by turismo de cordoba(IMTUR)

중정을 나서면 탁 트인 넓은 정원으로 이어진다. 솔직히 여기까지는 왠지 퀴퀴하고 그닥 크게 인상적이지 않다는 느낌으로 설렁설렁 지나온 게 사실이다. 하지만 쏟아지는 햇살 아래 넓고 아름다운 이 정원에 들어서면 반전되는 기분을 숨기기 어려울 것이다. 사각의 긴 연못을 끼고 향긋한 오렌지나무, 레몬나무, 천국의 꽃이라 불리는 아라얀이 만든 오솔길을 거닐며 느긋한 여유를 찾게 된다. 잘 가꾸어진 온갖 꽃들의 향연을 즐기다 보면 연못 끝에서 만나는 아름다운 분수. 수 세기를 지키며 이어 온 견고한 성벽의 그늘 아래서, 역시 그렇게 수 세기 동안 멈추지 않고 흐르는 물을 바라보며 우뚝 서 있는 역사의 산 증인, 카톨릭 군주의 동상과 함께 자연과 문명의 끈적한 결합을 목격한다.

요새 왕궁 바로 앞에는 왕실 마구간 건물이 별도로 있다. 안달루시아를 여행하는 동안 다양한 축제를 만날 수 있는데, 축제에서 마차에 매인 말에 기병

이 타고 행진하는 모습을 자주 볼 수 있다. 이들은 지구상에서 가장 아름답고 지적인 동물 중 하나가 안달루시아 말이라고 주장한다. 안달루시아 말의 기원은 바로 이 왕실 마구간에서 시작되었다.

왕실 마구간 입장은 무료다. 주 건물은 돌기둥으로 지지되는 아치형의 둥근 천장으로 되어 있으며 건물의 벽체와 분리되어 있는데 지금은 역사와 함께 발전한 마차 컬렉션이 전시되어 있다. 마구간과 승마홀은 지금도 말을 훈련하는 용도로 사용하고 있으며 마구간에서는 일주일에 4일간 관광객을 위한 말 쇼가 공연된다. 기타의 리듬에 맞춰 플라멩코 댄서가 춤을 추고 갈기와 꼬리를 화려하게 장식한 말에 기병이 우아하게 탄 모습을 감상할 수 있다. 특별한 경험이다.

마지막으로 도시의 또 다른 상징으로 코르도바식 파티오(중정)를 꼽을 수 있다. 이 역시 유네스코가 지정한 무형문화유산이다. 코르도바 어디에서나 볼

듬직하고 영리한 왕의 말

당시 서방 세계에서 가장 강력한 군주였던 펠리페 2세의 노력 없이는 '왕에게 합당한 말'을 만들 수 없었을 것이다. 1570년에 그는 당시 스페인에서 이베리아와 아랍 말의 혈통을 통틀어 최고의 표본을 수집하도록 명령하고 특별히 이곳 코르도바에 왕실 마구간을 짓도록 했다. 수십 년에 걸쳐 신중하게 선별된 유전자의 융합은 인간이 길들이기에 가장 적합한 성질의 혁신적인 결과를 도출해 냈다. 견고하며 균형 잡힌 몸매를 가진 안달루시아 말은 쾌활한 성격에 놀라운 지능으로 훈련하기에 매우 유리하다고 한다. 걷기, 전문 마장 마술에 적합하며 양육에도 이상적이다. 안달루시아 말은 17세기 동안 거의 모든 유럽 왕들의 말로 채택되었고 벨라스케스의 화폭에 주인공으로 등장하기도 했다.

흔히 '안달루시아 말은 예술가의 영혼을 가지고 있다'고 하는데 그래서인지 서커스와 영화에 가장 많이 등장하는 것도 바로 안달루시아 말이다. 그중 한 예로 반지의 제왕에서 마법사 간달프의 떼어 놓을 수 없는 동반자 쉐도우 팩스가 바로 안달루시아 말이다.

by turismo de cordoba(IMTUR)

수 있지만 왕궁에 가까운 산 바실리오 지역의 파티오가 가장 대표적이다. 대부분 개인 주택 안에 있어 평소에는 보기가 쉽지 않다. 대신 매년 5월 중순 2주 동안 유명한 파티오 경연대회를 포함한 축제가 열리는데, 이때 코르도바를 방문하면 50여 개의 파티오를 구경 할 수 있다. 그중에서도 까예 마르틴 데 로아 7번지는 꼭 방문하기를 추천한다. 이 집은 오래된 이슬람식 우물, 석조 **빨**

래터, 무엇보다도 다양한 종류의 꽃으로 장식되어 있는 17세기 건물이다. 750개 이상의 화분이 걸려 있는데, 다양한 종류의 제라늄과 나비 클로버나 새우꽃 등 다양한 이국적인 식물로 흰색 벽을 화려하게 장식하고 있다. 주인은 일가의 오랜 전통에 따라 아이가 태어날 때마다 식물을 심었다고 한다. 이 집에서 가장 눈에 띄는 꽃분홍색의 화려한 꽃 '부감비야'는 2014년 딸이 태어난 날 심었다고 한다. 이런 디테일이야말로 코르도바 파티오의 진정한 본질이라고 할 수 있다. 코르도바 파티오는 아름다운 환경을 조성할 뿐 아니라 이웃들 간 만남과 친교의 장소이기도 하다. 고대 로마인들이 그러했고 이슬람 시대를 거쳐 현재 안달루시아에 이르기까지 전통이 이어져 내려오고 있는 것이다.

안달루시아를 여행하다 보면 수많은 하얀 마을을 만날 수 있고, 그 하얀 벽에 화분들을 걸어 장식한 것을 볼 수 있다. 이곳 주민에 따르면 과거 스페인에 큰 지진이 있었는데 코르도바도 큰 영향을 받았고, 그로 인해 많은 집 벽에 금

by turismo de cordoba(IMTUR)

이 갔었다 한다. 이것이 보기 싫었던 한 할머니가 금 간 벽에 제라늄 화분을 걸었는데 이것이 코르도바 전역으로 퍼져 나갔고, 이제는 스페인 전체로 번져 문화의 한 부분이 되었다고 한다.

어쨌든 이 기간의 코르도바는 자신의 파티오 자랑을 늘어놓는 주민들과 감탄과 찬사로 화답하는 관광객들로 북적이는 한 판 잔치가 벌어진다.

5월에 갈 수 없어 아쉽다면, 도시 북쪽에 위치한 15세기 건축물 비아나 팰리스를 추천한다. 오랜 역사와 더불어 12개의 아름다운 파티오를 품고 있는 이곳에서는 복작복작한 축제의 활기를 느낄 수는 없지만 고요하고 호젓한 정취를 흠뻑 느낄 수 있다. 도시 속 그림자의 섬이랄까. 침묵과 향기만이 흐르는 이곳을 선호하는 여행자도 분명 있으리라. 나처럼.

코르도바 인근 마을

코르도바주의 주요 명소 중 하나는 도시의 남동쪽에 있는 수베티카스 산맥의 자연 공원이다. 그중 매력적인 세 개의 작은 마을을 소개하고자 한다.

쑤에로스

먼저 코르도바에서 70km 떨어진 쑤에로스다. 과달키비르강을 따라 올리브 밭이 펼쳐지는 시골 풍경을 가로질러 차로 한 시간가량을 가면 완만하게 오르는 언덕바지에 쑤에로스가 자리하고 있다. 초입에서는 산꼭대기의 거대한 바위로 위장한 성채에 가려 마을이 거의 보이지 않는다. 이 성채는 '수하리아'라는 이름을 갖고 있는데 아랍어로 '정복 할 수 없는 바위'라는 뜻이다. 그 앞에 두 개의 이어진 암벽이 천연 방어막 역할을 한다.

지금은 폐허가 되어 성채로서의 역할은 사라졌지만 그 자체로 독특한 분위기를 유지하고 있다. 9세기의 옛 이슬람 요새 위에 16세기 르네상스 궁전을 세워 매우 특별한 건축 형태가 되었으나, 수 세기 동안 방치된 채 이 사람 저 사람이 자기 건물을 짓기 위해 이곳에서 재료 약탈을 일삼았고, 이 독특한 건축의 혼합물은 거의 남아나지 못했다. 마을 언저리는 계곡에서 솟아오른 언덕에 올리브 나무의 물결이 주변 산의 소나무 숲과 더불어 거대한 초록바다를 이루고 있다.

성채 아래의 계단을 따라가면 마을을 둘러싸고 있는 산책로로 이어지는데, 마을과 주변 경관이 한눈에 내려다보이는 전망대를 지나 아찔한 협곡 위에 걸려 있는 현수교를 건너는 길이다. 이 아름다운 길을 따라 한 시간 정도 걸으면 안달루시아에서 가장 인상적인 동굴 중 하나인 박쥐동굴에 도달하게 된다.

by patronato provincial de turismo de cordoba

　박쥐동굴에는 여러 종의 박쥐가 살고 있으며 고작 20cm 굵기로 수 미터 길이까지 자라난 종유석들이 만들어 낸 기괴한 형상들이 동굴을 채우고 있다. 이 사람들의 표현에 의하면 마치 거꾸로 자라는 아스파라거스 밭과 같다고 한다. 3만 5천 년 전에 네안데르탈인이 거주했던 중요한 고고학 유적지이기도 하며, 후에 그들의 후손 호모 사피엔스가 이 동굴에 산양 등 동물들의 동굴 벽화를 남겨 그 증거가 되고 있다.

팁 : 동굴에 들어가려면 시의회 웹사이트에서 예약을 하거나 경우에 따라 마을 관청에 담당자를 찾아 요청해야 할 수도 있다. 유명한 관광지가 아닌 이런 작은 마을에서는 박물관이나 성 같은 관광 자원이 상시 개방되지 않는 경우가 적지 않다. 카톨릭 본부 소유의 많은 성당들도 마찬가지로 사제의 집을 찾아가 그의 선의에 의지해야 할 때가 많다.

구시가지로 내려와 마을을 둘러보기로 한다. 하얀 벽 사이로 좁은 골목을 장식한 꽃과 식물들이 만들어 내는 풍경이 매혹적이다. 이 작은 마을에 예쁜 박물관이 하나 있어 들어가 보니 마을의 풍속과 미술품이 전시되어 있다. 3천 개가 넘는 흥미로운 전시품들은 잊혀진 과거 속으로 우리를 이끌어 시간여행을 하게 한다. 쑤에로스 마을 사람들은 그들의 전통을 기억하고 이어가며 스스로 자랑스럽게 생각하고 함께 나누고 싶어 하는, 자존감 높은 사람들임이 느껴진다. 이렇게 작은 마을을 들러 볼 만한 가치는 이런 건강하고 친근한 사람에게서 찾을 수 있다. 유명 관광지에서는 좀처럼 느낄 수 없는 따뜻한 감정이다.

by patronato provincial de turismo de cordoba

프리에고 데 코르도바

    쑤에로스에서 남동쪽으로 33km 떨어진 프리에고 데 코르도바로 이동한다. 올리브 숲과 소나무 숲을 끼고 구불구불 이어지는 산악도로를 따라 자동차로 약 40분가량을 가면 55m 높이의 협곡에 솟아 있는 마을 프리에고가 보인다. 이 마을을 감싼 자연 성벽은 전쟁 중에 방어막 역할을 했는데, 이렇게 오래된 대부분의 도시들이 높은 지역에 자리 잡아 자연 지형을 이용해 전쟁을 대비했던 것이다. 프리에고의 구시가지에는 특히 바로크 양식 건축물이 많다.

by ayuntamiento de priego de cordoba

    8세기 아랍 성채에서 출발해 시내를 둘러보기로 한다. 이 지역은 13세기에 카톨릭 세력에 의해 정복당했다가 14세기에 와서 그라나다 나사리 왕국에 의해 재탈환 됐다. 성채 앞에 있는 아순시온 성당은 무데하르 고딕 양식의 탑에 단순한 외관을 하고 있는 반면, 내부로 들어가면 전혀 딴판으로 화려한 바로크 양식으로 장식되어 있다.

아순시온 성당의 돔 천장 by patronato provincial de turismo de cordoba

　스페인 바로크 양식의 최고 작품 중 하나로 평가 받는 이 성당의 돔에는 화려한 스테인드글라스로 장식된8개의 창문이 있는데, 그 창문을 통해 쏟아지는 빛의 폭포가 흰색 회벽을 화려하게 수놓고 중앙의 섬세한 나무 조각을 반짝이게 한다. 그 갑작스런 아름다운 광경에 여행자는 한동안 넋을 놓고 바라볼 수밖에 없다. 17세기에서 18세기 사이에 세워진 수많은 바로크 양식의 성당 중 하나인 이 아순시온 성당 덕분에 프리에고는 안달루시아 바로크 양식의 보석으로 자리매김하게 됐다.

　이 성당 뒤로는 코르도바의 유대인 지구를 닮은 옛 이슬람지구 라 비야가 있다. 갖가지 예쁜 화분으로 장식한 철창이 이어지는 좁은 골목으로 들어가 잠시 헤매도 좋다. 우물이 있는 막다른 골목도 좋고, 작은 분수와 함께 장식된 마리아상이 있는 미니 광장, 그러다 마주친 친절한 현지인과 나누는 목례도 즐

아다르베 발코니 by ayuntamiento de priego de cordoba

겁다. 골목을 빠져 나오면 불쑥 나타나는 아다르베 발코니. 그 아래로 장엄한 올리브 숲이 내려다보이고 프리에고의 작은 하얀 마을이 돋보인다. 광활한 올리브 밭 너머로 코르도바에서 가장 높은 해발 1500m의 시에라 데 라 오르코네라(오르코네라 산맥)가 보인다. 길게 이어지는 발코니에 끊임없이 흐르는 분수대가 여러 개 있는 것으로 보아 물이 풍부한 지역이라는 것을 알 수 있다.

아다르베 발코니는 작은 식물공원 '빠세오 데 콜롬비아(Paseo de Colombia)'로 연결되어 있는데 플라타너스, 마로니에, 삼나무 등 현지 식물과 함께 일부는 미대륙에서 들여온 수많은 식물들로 구성되어 있다. 한편에 잘 관리된 장미덤불이 둘러싸고 있는 장미 광장이 있고, 그 중앙에는 주로 여름 밤에 작은 음악회가 열리는 캐노피가 설치되어 있다.

안달루시아의 바로크 양식

바로크 양식은 17세기 초 로마에서 등장한 예술의 한 형식으로 유럽과 아메리카
식민지 전역에 약 2세기 동안 광범하게 유행했다. 천주교와 권위주의적 군주제
에 영합하여 스페인에도 뿌리를 내렸는데, 스페인에서도 안달루시아는 특히 그
라나다와 세비야 뿐 아니라 프리에고 같은 작은 도시에 이르기까지 바로크 양식
이 가장 많이 확산된 지역이다. 건축에서 안달루시아 바로크는 르네상스 고전주
의를 변형시켜 곡선과 풍부한 장식을 많이 사용하며, 음영 효과를 극대화 하고 전
체 건축물의 균형보다는 어느 한 부분을 과장되게 표현한 점이 특징이라 하겠다.
특히 그라나다와 세비야에 각각 안달루시아 바로크 조각 분야의 학교가 있었는
데, 주로 종교적이며 건축과 연결되어 있거나 '세마나 산타'라 불리는 성 주간에 여
전히 사용되는 드라마틱하고 풍부한 표정의 마리아 상이나 성자 상 같은 별도의
조각품도 있다. 회화 분야는 세비야
에 학교가 있었고 벨라스케스, 무리
요와 같은 인물을 비롯해 그라나다
의 알론소 카노 등 위대한 화가를 배
출했다. 이 예술가들은 종교적 주제
뿐만 아니라 일상 생활을 주제로 열
정 넘치며 과장된 바로크 스타일을
그림에 담아내었다. 안달루시아 바
로크는 히스파노아메리카 국가들과
시칠리아, 나폴리 등과 밀접하게 연
결되어 있다.

바로크 양식은 18세기 말 시들해졌
고 형태와 실체 면에서 완전히 반대
되는 스타일인 신고전주의로 대체되
었다.

이 발코니 바로 아래에는 공주들의 화단이라는 뜻의 '우에르타 데 라스 인판타스(Huerta de las Infantas)' 정원이 있다. 아라얀 울타리와 화단으로 둘러싸인 분수와 연못은 그라나다의 헤네랄리페를 연상하게 한다. 과거 로마와 안달루시를 거치는 오랜 세월 동안 과수원이었던 이곳은 19세기에 와서는 현지인들이 숨막히는 여름 더위를 피해 찾아와 쉬어가는 낭만적인 공간으로 남게 되었다.

다음으로 이곳에 흐르는 물의 원천이 되는 유명한 분수로 향한다.

19세기 초에 건설된 '푸엔떼 델 레이(왕의 샘)'는 프리에고의 또 다른 바로크의 보석이다. 곡선으로 이루어진 이 분수대는 3개의 연못이 이어져 있고 139개의 수도관을 통해 물을 뿜어내며, 그로테스크한 얼굴 조각상들이 수도관을 장식하고 있다. 상부 연못의 중앙에는 뱀과 싸우는 사자 조각상이 세워져 있고 가운데 연못은 반원형극장 형태로 중앙에는 물에서 나오는 해마를 탄 물의 신 포세이돈과 그의 아내의 모습이 조각되어 있다.

왕의 샘에 인접해 있는 17세기의 '푸엔떼 데 라 살룻(건강의 샘)'은 유색의 대리석으로 장식한 매너리즘 양식이다. 중앙의 마리아상을 제외하면 역시 포세이돈 조각상과 반원형 극장 형태와 같은 전혀 기독교적이지 않은 것들로 장식되어 있다. 2세기 후 앞서 본 왕의 샘을 고안한 사람들에게 직접적인 영감을 주었을 것이라 추측할 수 있다.

빠세오 데 콜롬비아 by ayuntamiento de priego de cordoba

푸엔떼 델 레이 by ayuntamiento de priego de cordoba

이쓰나하르

다음으로 프리에고에서 남쪽으로 31km 떨어진 작은 마을 이쓰나하르를 향해 경로를 이어 간다. 이 마을은 안달루시아에서 가장 큰 이쓰나하르 저수지로 둘러싸인 언덕에 위치하고 있으며 코르도바, 말라가, 그라나다 3개 주의 경계선상에 자리 잡고 있다. 저수지를 가로지르는 다리를 건너 마을로 올라가게 되는데 일단 마을 입구에 주차를 해놓고 천천히 출발하기로 한다.

이쓰나하르는 최고의 전망을 가진 마을이다. 어디에서나 넓고 길게 이어지는 저수지와 그 주변을 둘러 싼 아름다운 자연 풍광을 즐길 수 있다. 누에바 광장에서 몇 걸음만 걸으면 성당과 성채가 있는 구 시가지의 중심으로 들어가게 된다. 본격적으로 구도심을 돌아보기에 앞서 개인적으로 마을의 가장 매력적인 곳은 '파티오 데 라스 코메디아스(희극의 정원)'였다. 16세기에 연극 공연이 열리던 작은 공간인데 이슬람 시대에는 시장 광장이었다고 한다. 여성 조각상이 있는 분수를 중심으로 화분, 타일, 도자기, 오래된 열쇠 등으로 아기자기하게 꾸며져 있다. 이 예쁜 공간을 자발적으로 가꾸고 있다는 할머니 후아니는 우리에게 손수 만든 과자까지 내어주며 안내를 자청했는데, 특

파티오 데 라스 코메디아스 by patronato provincial de turismo de cordoba

유의 친근함과 늘어놓는 수다 속에 자부심이 넘쳐난다. 일부 주택의 벽에서는 성을 둘러싸고 있던 성벽의 흔적도 엿보인다. 이 작은 정원 아래로 조금 더 내려 가면 산 라파엘의 조각상을 이고 있는 오래된 탑이 보존되어 있고 마을 아래쪽을 감싸는 저수지의 또 다른 풍경이 아름답다.

성으로 가는 길에 16세기에서 18세기 사이에 다양한 스타일로 지어진 산티아고 아포스톨 성당을 지나게 된다. 성당 내부는 단순한 르네상스 건축 양식의 몸체와 화려한 바로크 양식의 제단이 대조를 이룬다. 외부는 18세기 신고전주의 풍의 벽체가 인상적인데 이 벽체가 거대한 종탑을 견고하게 지지하고 있으며 벽면 한쪽의 해시계가 흐르는 순간의 시간을 그려내고 있다. 교회와 성 사이에는 곡물을 저장하기 위해 지어진 18세기 건물 포시토(창고)가 있으며 지금은 아름다운 도서관으로 개조되었다.

8세기에 건축된 이 요새는 아랍어로 행복한 성을 의미하는 '이시 아샤르'라는 이름으로 불리며, 이 마을이 행복한 마을이라는 뜻의 '이쓰나하르'라는 이름을 갖게 된 이유이다. 마을에는 중세 전쟁과 관련된 수많은 흔적이 남아 있는데 오래된 방공호나 도자기 가마터 등이다. 그중 아마도 가장 흥미로운 것은 '알히베'라는 이름의 저수조로, 빗물을 저장하는 기능을 지금까지도 완벽하게 수행하고 있다. 전쟁 시 알히베는 방어에 매우 중요한 요소였는데 내부

를 보면 중앙에 큰 기둥이 있고, 그로부터 네 개의 아치가 연결되어 천장을 견고하게 지지하고 있다.

스페인에서 가장 아름답다고 알려진 라 피에다드 공동묘지는 마을 끝 가장 높은 곳에 위치해 있다. 단순하지만 잘 디자인된 건축물로 지붕은 전통적인 기와로 덮여있고, 우리나라에서 최근 많이 볼 수 있는 납골당 형태의 건물로 앞뒤로 깊어 칸 마다 관이 들어갈 수 있도록 되어 있다. 하얀 회벽에 알록달록 꽃들로 장식된 나지막한 건물 사이로 난 계단을 내려가면 멋진 전망대가 나타나며 역시 저수지와 산이 조화를 이루는 멋진 전망이 내려다보인다. 이처럼 해가 잘 들고 아름다운 안식처가 있는 이 마을이라면 사자도 행복할 것 같다는 생각이 든다.

이쓰나하르에는 이미 앞에서 여러 번 언급 했듯 전망 좋은 곳이 많은데 그중에서도 백미는 '라 크루쓰 데 산 페드로(베드로의 십자가)' 전망대이다. 이 언덕 위 전망대에서 마을을 휘돌아 가는 저수지와 마을의 스카이라인이 파노라마로 펼쳐진다. 마침 해가 넘어가고 있어 코르도바 지방과 작별인사를 나누어야 하는 여행자에게 뭔지 모를 뭉클함이 밀려온다.

by ayuntamiento de Iznajar

04 [히랄다의 그늘 세비야]

안달루시아의 서쪽에 있는 세비야는 과달키비르강이 유유히 흐르는 넓고 비옥한 평원에 펼쳐져 있다. 머지않아 바다에 이르게 되는 이 강은 안달루시아 수도의 과거와 현재를 오롯이 품은 체 도시 한가운데를 가로 지르며 멋진 풍경을 선사한다. 인구가 70만이 넘는 이 도시(도심을 넘어 언저리를 포함하면 약 150만)는 마드리드, 바르셀로나, 발렌시아에 이어 스페인에서 4번째로 인구가 많은 대도시다. 그러나 단지 대도시라는 평가만으로는 세비야 사람들을 만족시킬 수 없다. 대도시 이상의 그 무언가가 이 도시에 있다는 얘기다.

스페인의 유명한 작가 안토니오 갈라는 "나쁜 것은 그들이 세비야가 세상에서 가장 아름다운 도시라고 생각하는 것이 아니라 어쩌면 그들이 옳을 수도 있다는 것"이라고 말했다고 한다. 세비야 사람들에 대한 평은 긍정적으로 보면 자부심이 강하다라고 표현할 수 있지만 반대로 자만한다거나 교만하다는 평가도 있다. 짧은 방문으로 그들이 옳은지 여부를 알아볼 수는 없겠지만 일단 그 실마리라도 찾아보기로 하자.

대성당들의 대성당

유네스코가 지정한 세계문화유산인 세비야 대성당은 이슬람과 기독교 건축의 조화로 균형을 이룬 아름다운 건축물로, 무감각한 영혼들조차 깊은 감동을 받을 수밖에 없는 무언가가 있다. 세비야 대성당의 종탑이자 이 도시의 상징인 히랄다 앞에 있는 비르헨 데 로스 레예스(Virgen de los Reyes) 광장에서 출발하는 것이 좋겠다.

히랄다의 아래쪽 3분의 2는 12세기 후반에 지어진 옛 이슬람 모스크의 '미나렛'에 해당한다. 모로코 남부의 마라케시에 가면 히랄다와 동일한 건축가가 제작한 '쿠투비야'라는 미나렛이 있는데 히랄다와 매우 유사한 디자인의 건축물이다. 16세기 중반 이후 이 히랄다의 꼭대기 부분에 르네상스 시대의 종탑이 더해졌다.

히랄다의 가장 눈에 띄는 특징은 전형적인 알모아드 양식에서 볼 수 있는 '셉카'로 사면을 장식하고 있다는 점이다. 셉카는 회반죽을 식물 문양으로 장식된 마름모꼴의 틀에 찍어내고, 그것을 연이어 붙여 장식한 것을 말한다. 수직으로 길게 장식한 셉카와 역시 세로로 긴 형태의 우아한 창문이 함께 어우러져 탑이 실제보다 더 높아 보이는 효과를 준다. 이슬람 몸체 상단의 섬세한 아치 위로 기독교 건축 부분이 시작되는 처마 장식은 히랄다의 수직성을 잠시 방해하

by turismo Sevilla

는 듯 하지만, 이내 망원경 모양의 종탑이 다시 솟아오른다. 중앙에 아치를 두고 양쪽에 배치한 두 개의 창이 전체적으로 자연스럽게 이어진다. 이슬람 건축 배열을 헤치지 않으려는 기독교 건축가의 의도가 엿보인다.

이 혼합 건축물은 이슬람에 대한 기독교 신앙의 승리를 상징하는 조각 히랄디요로 마무리 되는데, 히랄디요는 '돌다(girar)'라는 말에서 나온 것으로 꼭대기에 위치한 승리의 여신상이 바람에 따라 회전하기 때문에 붙여진 이름이다. 총 104m 높이의 경이로움의 결정체 히랄다에서 종교는 달라도 그 예술성은 상호 존중하는 건축가들 간에 흐르는 공감대가 잊히지 않는 깊은 인상으로 남는다.

본격적으로 대성당 안으로 들어가 보자. 입구에는 실제 크기의 히랄디요 복제품이 있어 그 모습을 감상할 수 있다.

by turismo Sevilla

알모아드

1145년부터 1229년까지 이베리아 반도를 통치했던 모로코의 알모아드를 이해하려면 1031년의 어느 날로 거슬러 올라가야 한다. 그날 코르도바의 칼리파가 내전 도중 익사했고 알 안달루스는 여러 왕국으로 나뉘게 된다. 이들간의 전쟁은 계속 됐고, 이틈을 이용해 북쪽에서는 기독교 세력이 영토를 확장해 나갔다. 이를 저지 하기 위해 알 안달루스의 왕들은 북아프리카에 지원을 요청했고 이에 따라 두 차 례의 지원군이 도착하게 된다. 기독교의 확장을 막기 위한 지원 요청이었으나 이는 오히려 알 안달루스를 제국에 통합시키는 결과를 초래했다. 그 첫 번째가 알 모라비드로 11세기 말부터 12세기 중반까지 이베리아 이슬람을 지배했고, 두 번째가 우리가 여기서 언급하는 알모아드이다. 알모아드는 모로코에서 알모라비드를 물리친 후 1145년 알 안달루스에 입성하여 안달루시의 독립을 선언하고 세비야에 수도를 세운다. 군국주의자이자 종교적 극단주의의 사고를 가지고 있던 알 모아드는 자유주의자들인 안달루시의 지식인들과 충돌했고, 결국 많은 지식인들 이 추방당하거나 감옥에 갇히고 말 았다. 긍정적인 측면에서 보면 알모 아드는 훌륭한 건축가였으며 견고한 성벽과 성채뿐만 아니라 히랄다 같 은 경이로운 작품을 남겼다. 그러다 1212년 기독교 세력에 회생할 수 없 는 패배를 당하면서 제국의 종말이 시작되고, 기독교 세력의 중심이었 던 카스티야 왕국이 그라나다를 제 외한 대부분의 알 안달루스를 정복 하게 됐다. 그라나다는 그 이후로도 수 세기 동안 살아 남았다.

by turismo Sevilla

로마의 산 피에트로 성당과 런던의 세인트 폴 성당에 이어 세계에서 세 번째로 큰 이 성당은 지금의 모습으로 완공되기까지 약 800년이 걸렸다. 1172년에 이슬람의 모스크로 시작해 1248년 기독교인들이 도시를 정복한 후 성당으로 재사용하기까지 걸린 시간이다. 15세기 초에 모스크를 허물고 고전적인 고딕 양식의 성당을 짓기 시작했는데, 외벽을 지탱하는 갈비뼈 형태의 구조물과 크고 작은 출입문들이 건축되었다. 내부는 십자 형태로 교차되는 천장을 지탱하는 기둥들로 길게 5칸으로 구분되는 본당으로 구성되어 있다.

대성당 안으로 들어가면 우선 어마어마한 크기에 압도된다. 오랜 역사를 통해 축적된 수많은 걸작들을 찬찬히 둘러보기로 하자. 전체를 설명하자면 웬만한 두께의 책 한 권으로도 모자랄 만큼 한도 끝도 없을 듯 하나 중요한 부분을 중심으로 되도록 간결하게 스케치하려 한다.

by Hong Eun

고딕 양식

12세기 중반부터 16세기 초까지 유럽을 지배한 고딕 예술은 모든 면에서 이전 스타일인 로마네스크를 능가했다. 높은 벽을 지지하기 위해 부벽을 덧대거나 뾰족한 아치를 사용하는 등의 다양한 기술적 혁신 덕분에 고딕 건축은 로마네스크의 두터운 벽과 낮은 지붕을 뒤로하고 하늘을 향해 치솟았다. 또한 가벼워진 벽에 다양한 색유리로 장식한 커다란 창문을 배치해, 찬란하고 화려한 빛의 예술이 새로 건축된 공간의 진정한 주인공으로 등장했다. 이 기술 혁명은 종교적 사고의 변화 없이는 불가능했을 것이다. 신은 더 이상 로마네스크 양식을 지배했던 엄격한 심판자가 아니라, 친절하고 우리를 보호하는 존재로 받아들여 졌다.

고딕 양식이 가장 잘 표현된 곳은 세비야 대성당과 같은 걸출한 성당들이지만, 성이나 궁전 건축에도 더 개방적이고 인본주의적인 사회가 반영됐다. 300년이 넘는 기간 동안 이 예술 양식은 특히 회화와 조각에 분명하게 나타나는데 원시주의로부터 점차 진화하여 이탈리아 르네상스가 영향을 받기 시작하는 15세기 말까지 이어지며 점점 세련되어 진다. 스페인과 안달루시아에서 고딕 예술의 마지막 단계는 이사벨 여왕 시대와 맞물리며, '이사벨식 예술'이라 별칭하는데 당시의 통치자 이사벨 라 카톨리카 여왕을 기리기 위한 것이다. 그 특징은 꽃을 비롯한 화려한 요소가 풍부하게 사용되고 고딕의 특징인 뾰족한 아치뿐만 아니라 매우 다양한 아치를 혼용하였다는 것이다.

by turismo Sevilla

중앙 본당 중심, 주예배당 앞으로 가면 고딕 양식에 매너리즘 요소가 가미되고 르네상스 양식으로 마무리된 장엄한 제단에 시선이 멈춘다. 제단 앞을 가로막고 있는 가느다란 철제 기둥들 사이로 한참을 들여다본다. 구약 성서의 주요한 장면 장면들이 섬세하게 조각된 목제판에 금색칠이 되어있다. 이미지 하나하나 들여다보며 그들이 말하는 에피소드 하나씩 떠올려 보자면 온종일이 걸려도 부족할 듯 하다.

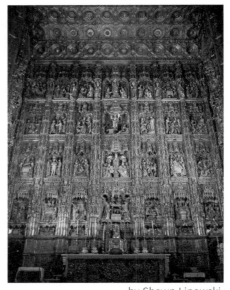

by Shawn Lipowski, commons.wikimedia.org

뒤편으로 보이는 무데하르 고딕 양식의 합창단석은 르네상스 장식의 화려한 철제 기둥으로 둘러싸여 있고, 여러 가지 종류의 목재로 채워져 있어 다양한 나무의 색깔이 드러나 보인다. 합창단석은 117개의 좌석으로 구성되어 있으며 목제 의자의 팔걸이에는 익살맞은 천사 캐릭터 등이 조각되어 있다. 합창단석 위로는 두 개의 멋들어진 18세기의 바로크 오르간이 배치되어 있다.

고개를 들면 벽면의 화려한 스테인드글라스가 눈에 들어온다. 창을 통해 쏟아지는 빛은 벽면에, 기둥에, 바닥에 색색의 그림을 수놓으며 신비한 아우라를 뿜어낸다. 대부분은 16세기의 것이지만 14세기부터 20세기에 이르기까지 여러 시기를 거쳐 완성되었다.

by Hong Eun

by www.andalucia.org

메인 예배당을 돌아 나와 우리는 대성당의 또 다른 주요 부분인 왕실 예배당으로 발길을 옮긴다. 돔 아래의 이 사각형 공간에는 이 도시의 정복자인 페르난도 3세와 그의 아들 알폰소 10세의 유골이 묻혀있다. 알폰소 10세는 유명한 번역학교를 세우는 등의 업적으로 왕이자 현명한 학자로 불렸다고 한다. 그는 이슬람, 유대교, 기독교 학자들을 한 데 모아 아랍어로 된 그리스와 로마의 과학 서적이나 문서 등을 라틴어 또는 스페인어로 번역하도록 했다. 이러한 업적과 최초의 시인 중 한 명인 덕에 그는 원시 스페인어의 발기인으로 추앙 받는다.

왕실 예배당을 지나 왼쪽에는 건축과 관련된 그림이 전시되어 있는 흥미로운 방 3개가 있다. 첫 번째는 미켈란젤로가 디자인한 로마의 국회의사당에서 영향을 받은 타원형의 채플방이다. 매너리즘 양식의 천장은 세비야 출신의 위

by Jose Luis filpo Cabana, commons.
wikimedia.org

순결한 마리아

대한 거장, 바르톨로메 에스테반 무리요(Bartolome Esteban Murillo, 1617-1682)의 그림들로 장식되어 있으며, 그 가운데 특히 유명한 작품은 〈순결한 마리아〉라는 제하의 그림이다.

후기 고딕 양식으로 이어지는 소예배실은 또 다른 스페인 거장 프란시스코 데 고야(Francisco de Goya, 1746-1828)의 그림이 주를 이룬다. 이 그림은 세비야의 수호 성자인 산타 후스타와 산타 루피나 자매를 그린 것인데, 전해지는 이야기에 따르면 이 두 자매는 287년에 기독교 신앙을 지키다가 순교 당했다 한다. 지독한 고문 끝에 후스타는 숨을 거두고, 루피나는 살아남았지만 그 후 사자의 먹잇감으로 던져졌다. 하지만 마치 새끼 고양이인양 온순하게 다가온 사자가 그녀를 핥아 주어 기적적으로 살아남았다 한다. 분노한 세비야의 로마 총독은 그녀의 목을 베고 불태워 버리라 명한다. 그 후 수세기가 지난 후에야 기독교가 널리 퍼지게 되고 공식화되기에 이른다. 그러나 최근 조사에서는 이 전설의 진실성에 의문을 제기하는 여러 가지 모순이 발견되었다고 하니, 종교사에 어느 정도의 과장과 허위가 동반되는 것은 어디나 마찬가지인 모양이다.

끝으로 세 번째 방은 스페인 르네상스 건축 양식의 보석이다. 아치형의 입구를 통해 들어가 천장을 올려다 보면 16세기 세비야에서 대중적이었던 음식들이 다양하게 그려져 있다. 토마토, 고추, 감자 같은 당시 미대륙에서 들여 온 식자재를 기반으로 한 음식들이다. 또 다른 중요한 그림으로 역시 세비야의 거장 프란시스코 데 쑤르바란(Francisco de Zurbaran, 1598-1664)의 〈산타 테레사의 초상화〉와 무리요의 〈산 이시도로와 산 레안드로 주교의 초상화〉를 감상할 수 있다. 성당은 그 밖에도 수많은 그림과 조각 등, 걸작들을 품고 있다.

산타 후스타와 산타 루피나 by Jose Luis Filpo Cabana, commons.wikimedia.org

by Jose Luis Filpo Cabana, commons.wikimedia.org

1898년 쿠바의 하바나에서 크리스토퍼 콜럼버스의 유골이 옮겨져 와 주예배당 바로 옆에 묻혔다. 콜럼버스의 관을 어깨에 메고 있는 네 인물은 각각 1492년 스페인 영토에 있었던 4개의 왕국 레온, 카스티야, 나바라, 아라곤을 상징한다. 실제 유해는 이 관 속에 들어있지는 않고, 18세기의 납 항아리에 담겨 조형물 아래 묻혀있다. 무덤의 주인공이 진짜 콜럼버스인지에 대한 진위 여부가 오랜 세

by Ajay Suresh, commons.wikimedia.org

월 동안 세간의 논란이었다고 하는데, 2006년 DNA 분석을 통해 드디어 유해가 진짜임이 확인되었다.

성전 내부를 돌아본 후 히랄다를 올랐다. 대성당의 북서쪽 모퉁이에 있는 탑은 이슬람 통치자가 말을 타고 오를 수 있도록 계단이 아닌 나선형 경사로로 설계되어 오르기가 어렵지 않다. 경사로를 따라 오르다 보면 작은 방들에 고고학적 유품들이 전시되어 있다. 중간 중간 창문을 통해 내다보이는 성당의 아름다운 외부 모습이 매우 흥미롭다.

by Hong Eun

by ShiDD, commons.wikimedia.org

카톨릭이 덧붙여 올린 탑의 마지막 칸에 다다르면 좁은 계단을 통해 종탑으로 오르게 된다. 이곳은 여전히 작동하는 종들로 둘러싸여 있다. 늘 사람들로 붐비는 곳이라 인내심을 가지고 기다려야 사방으로 아찔하게 펼쳐지는 성당의 외관과 세비야 전경을 내려다 볼 수 있다. 히랄다 광장, 고딕 양식의 첨탑들과 돌거미의 다리를 닮은 외벽을 지탱하는 부벽, 르네상스 돔, 햇볕에 팔딱이는 거대한 심장처럼 뛰는 도시, 유유히 흐르는 과달키비르강을 가로지르며 세월 따라 하나씩 늘어났을 다리들…. 그리고 역사의 숨결을 오롯이 품으며 유일한 증인으로 오래된 모스크의 히랄다 옆을 지키고 있는 오렌지 정원의 오렌지 나무들.

히랄다를 내려와 오렌지 정원으로 들어선다. 코르도바의 모스크에 비하면 그 규모가 소소하고 수수하다. 성당 증축이 반복될 때마다 점차 줄어들었으리라. 뾰족한 말굽 모양의 아치가 이어지는 회랑 세 개 중 두 개만이 남아 있고, 원래 있던 천장도 소실되었단다. 이슬람 시대에 모스크로 들어가던 정문이 지금은 성당 관람용 출구로 사용되고 있다.

문턱을 넘기 전에 여전히 화려한 오리지널 문을 살펴보자. 삼나무 목재로 제작되었으며, 세 가지 유형의 이슬람 장식(식물 문양, 기하학적 문양,

아랍 문자)을 섬세하게 양각한 청동 판으로 덮여 있다. 문 밖으로 나오면 16세기의 르네상스 조각품이 문 양쪽에 추가 된 것을 볼 수 있다. 그중 하나는 성 바울의 조각인데 세 개의 손을 가지고 있다. 오른쪽 하단에 있는 조각으로 두 팔은 정상적으로 몸체에 붙어 있는데 나머지 하나의 팔은 어디 있을까?

긴 시간 성당을 둘러보고 나니 에너지가 고갈되어 배고픔이 밀려온다. 대성당 근처에 수많은 바와 레스토랑이 있다. 대성당의 감상하며 식사하는 것도 좋지만 관광지의 중심은 일단 가격 대비 품질을 기대하기가 쉽지 않다는 것을 아는 이상 조금 발품을 팔기로 한다.

대성당 출구에서 불과 5분 거리에 있는 아레날 지역은 가볍게 타파스를 즐기거나 식사하기에도 좋은 곳이다. 그라나다와는 달리 세비야에서는 별도의 비용을 내고 타파스를 주문해야 하지만 퀄리티 좋고 맛있는 타파스는 기꺼이 그 값을 지불할 만 하다. 봄부터 더운 날씨가 계속되는 세비야에서 가장 인기 있는 음식 중 하나는 '가스파초'라는 차가운 요리로 올리브오일, 식초, 빵과 신선한 야채(주로 토마토)를 함께 넣어 갈아내는 여름 수프이다. 안달루시아 요리인 가스파초는 스페인 전역에서 맛볼 수 있지만, 특히 세비야의 열기를 식히기에 안성맞춤이다. 또 다른 여름 채식 요리로 올리브오일에 마늘, 고수, 큐

팁 : 세비야와 같이 관광객이 많은 도시에서 레스토랑 이용할 때 가격과 품질면에서 기대에 미치지 못해 기분을 망치는 경우가 더러 있다. 관광지에서는 글로벌화된 다양하고 무난한 음식을 즐길 수 있지만, 여기서 한두 블록만 벗어나면 분위기가 완전히 달라진다. 현지인들의 식문화를 경험하고 싶다면 그들과 섞여 그들이 주로 먹는 것을 주문하는 것이 가격 면에서나 품질 면에서 실패하지 않는 방법이다. 또 간단한 거라도 현지인에게 문의하다 보면 금새 친구가 될 수도 있다. 외국어에 서툴러도 진심을 다해 알려주려는 현지인의 친절함을 경험하기에도 좋은 장소가 레스토랑이라는 것을 기억해 두자.

민, 식초와 피망가루를 넣은 소스에
시금치와 병아리콩을 볶아 넣은 음
식도 추천할 만하다.

　우리나라 사람들이 좋아하는 국
물 요리로는 '코씨도'를 추천할만 하
다. 안달루시아 스튜인데 다양한 종류의 뼈를 고아 만든 육수에 고기와 병아
리콩, 녹두, 감자, 당근을 넣고 푹 끓여 내는 음식으로, 특히 겨울에 추운 몸을
덥히고 속을 든든하게 한다. 마지막으로 다진 고기를 양념해서 동그랑땡 모양
을 만들어 구운 것을 작은 빵 위에 얹어 타파스로 내는 것을 많이 먹는다. 사실
어느 관광지를 가나 헤아릴 수 없이 다양한 종류의 요리나 타파스가 있어 일
일이 거론하는 것은 불가능하고 여전히 새로운 것들이 쏟아져 나오고 있으니
비록 실패를 하더라도 직접 맛보고 경험하는 것이 제일이다.

　관광 구역을 벗어나면 전형적인 세비야 사람을 볼 수 있는데, 일반론에 따
르자면 '교양 있고 우아하게' 보이기를 추구하기 때문에 겉으로는 매우 친절
하며 외모에도 꽤나 신경쓰는 편이라 한다. 평소에는 성적인 이야기를 포함한
내밀한 주제에도 거침없이 농담을 하고 길바닥에 여럿이 모여 앉아 놀기를 주
저하지 않는다. 그러나 날씨가 춥거나 몇 방울의 비라도 내릴라 치면 분위기
가 완전히 바뀐다고 한다. 그들에게 세비야 날씨는 항상 좋아야 하고 그것만
이 최고의 가치인 듯 하다고. 하지만 이 평은 아마도 오랜 세월 전성기를 구가
하며 자존감 높은 세비야 사람들을 그다지 좋아하지 않는 다른 지방 사람의 시
기 어린 생각이 아닐까 싶다.

구시가지 산책

도시의 오랜 숨결을 찾아 세비야 왕궁 레알 알카사레스와 이웃하고 있는 산타 크루즈 지구로 발길을 옮겨보자. 대성당에서 오렌지 나무로 둘러싸인 파티오 데 반데라스(깃발 광장)를 가로질러 반대편 아치를 통해 정원을 빠져나가면 바로 좁은 골목으로 이어진다. 이 미로처럼 이어지는 골목골목에 과거 모스크 또는 유대교 회당이었던 수많은 고건축물들이 지금은 수도원 또는 성당으로 포진되어 있고, 알록달록 아기자기한 기념품점들, 흰 회벽을 접시나 타일로 장식하고 꽃과 녹색식물로 잘 가꾼 중정이 있는 레스토랑이나 바들이 들어서 있다. 여기서는 발길 닿는 대로 이리저리 헤매는 것도 좋겠다. 지구 전체가 그리 넓지 않아 긴 시간이 소요되지는 않는다.

이 지역은 원래는 유대인 지구로, 자신들의 종교를 지키기 위해 좁은 골목 안에 지하 예배당을 짓고 몰래 예배를 이어갔던 곳이다. 세월이 지난 후에는

by Turismo Sevilla

유명한 바람둥이 돈 후안의 애정행각의 배경이 되는 곳이기도 하다. 이 동네의 복잡한 골목 형태는 바람난 부인들이 성난 남편들의 추적을 피해 도망다니기에 완벽한 장소였다고 하니, 목숨 걸고 지켜내던 종교의 성스러움과 평범한 사람들의 적나라한 삶이 묘하게 겹친다.

왼쪽으로 왕궁의 성벽을 따라 조금만 걸어가면 도냐 엘비라 광장이 나온다. 교차되며 이어지는 좁은 골목은 신선한 공기의 흐름을 생성하고 구석구석에 숨겨진 음수대는 숨막히는 세비야의 여름을 구한다. 세비야에는 이 작은 광장처럼 어디나 코너를 돌면 시원한 나무 그늘과 벤치가 있는 매력적인 공간이 우리를 기다리고 있다. 벽돌 화단과 타일로 장식한 벤치, 분수 그리고 주위를 둘러싸고 있는 우아한 건물들이 만들어 내는 이 공간은 매우 세비야스러운 분위기이다.

광장을 지나면 '오스피탈 데 로스 베네라블레스'가 나오는데 이 건물에는 벨라스케스 센터가 있어 17세기 세비야의 그림 컬렉션과 몇 점의 조각작품을 전시하고 있다. 〈산타 루피나의 초상화〉, 〈라스 메니나스〉 등 벨라스케스 그림과 무리요와 쑤르바란의 그림이 있다. 규모에 비해 입장료가 좀 과하다는 느낌은 있지만 세비야 3대 화가들의 귀중한 컬렉션이니 그 값을 치를 만 하다.

이 구역의 중심 산타 크루즈 광장으로 향한다. 좁디 좁은 골목 까예혼 델 아구아를 지나게 되는데 담쟁이 덩굴로 뒤덮인 낡은 담장과 나란히 걸으면 수 세기 전의 시간 속으로 거슬러 올라가는 느낌을 받는다. 이 골목에는 로시니 의 유명한 오페라 〈세비야의 이발사〉에 등장하는 로시나의 발코니가 있다. 이 이탈리아 작곡가가 아름다운 발코니에서 행복한 아리아를 부르는 인물을 등 장시켰으니 스토리야 사실이든 허구든 상관없이 이 집에서 한껏 낭만적인 상 상의 나래를 펼쳐보는 것도 좋다.

by Turismo Sevilla

산타 크루즈 광장은 오렌지 나무와 이슬람에서 천국의 꽃으로 여긴다는 아 라얀으로 둘러싸인 바로크 양식의 철제 십자가의 이름을 따서 명명되었다. 흥 미로운 점은 무리요의 유골이 이 광장 어딘가에 묻혀 있다는 것이다. 이곳에 19세기 초까지 폐허가 된 성당 하나가 있었는데 프랑스 침략자들이 이 성당에 화가 무리요가 묻혀 있다는 사실을 모른 체 철거해 버렸던 것이다.

광장 너머 머지않은 곳에 그의 이름을 딴 무리요 정원이 있고, 까예 산타 테레사 골목에는 그가 생의 마지막을 보낸 집이 남아 있다. 그 집의 맞은편에는 산 호세 수도원이 있는데 산타 테레사 데 헤수스가 세운 수녀회에 속해 있어 이곳에 거주하는 수녀들을 '테레시타스(작은 테레사들)'라고 부른다. 오전 9시 미사 시간에 맞춰 본당 앞에 찾아가 겸손한 자세로 요청하면 한 사제의 안내를 받아 정갈하고 아름다운 안뜰과 성당을 둘러볼 수 있고 성당에 얽힌 이야기를 들을 수도 있다고 하는데 우리는 다음으로 미뤄두고 돌아섰다.

산타 크루즈 구역을 지나면 메인 거리인 마테오 가고로 이어진다. 길 양쪽으로 오래된 건축물들이 늘어서 있고 늘 관광객들로 북적거리는 활기 넘치는 바, 레스토랑, 카페, 기념품점들이 가득한 이 거리 끝에 다시 히랄다가 보인다. 일 년 내내 축제가 벌어지는 듯한 이 거리는 세마나 산타(성 주간) 밤에 더욱 특별하다. 이슬람 탑 히랄다에 특별한 조명이 밝혀지고 수십 명으로 구성된 악대를 앞세운 카톨릭 행렬이 지나가면, 그 주변을 둘러싼 시민들과 관광객들이

© SA 3.0, commons.wikimedia.org

이 거리와 광장을 가득 메우는 장관이 펼쳐진다.

히랄다 광장으로 돌아와 까예 플라센티네스를 따라 구시가지의 상업 지역

을 지나 엔카르나시온 광장으로 향한다. 독특한 형태의 초현대적 건물이 보인다. 모양이 버섯을 닮아 누구나 '세비야의 버섯'이라고 부르는 이 건물의 정식 명칭은 '메트로폴 파라솔'이다. 건설 당시에는 주변 환경과 과도하게 충돌한다는 비판이 쇄도했지만 오늘날 모든 관광객들의 필수 방문코스로 자리 잡았다. 그 아래에는 투명한 전시장이 설치되어 있는데 로마, 아랍, 기독교 시대의 유

세마나 산타(성 주간) 행렬

스페인과 라틴 아메리카에서 지켜지고 있는 이 카톨릭 축제는 약 500여 년 전에 시작되었다. 매우 독특한 의식을 통해 그리스도의 열정과 십자가에서의 죽음을 기억하는 것이 목적이다. 축제는 소위 '형제단'이라는 신자들의 연합이 주도하는 데 수 명에서 수천 명에 이르기까지 다양하게 구성되어 있다. 예수 그리스도, 성모 마리아 또는 성자의 형상을 여러 사람이 어깨에 짊어지거나 단원 중 가장 강한 사람이 어깨에 짊어지고 거리를 나서 행렬을 하는 독특한 의식이다. 이때 회원들 대부분은 원추형 모자와 튜닉을 착용하고 손에는 등불을 드는데 일부 엄격한 연합은 반드시 기모가 있는 빌로드 천의 튜닉을 사용하기도 한다. 소위 나사렛 사람들로 분한 이들은 아마도 더위를 견디는 고통을 감내하는 것으로 예수의 고통에 조금이나마 다가가려는 것 같다. 또한 그들 중 일부는 밴드를 형성하여 엄숙한 음악을 연주하며 행렬을 따르는데 그 음악의 느린 리듬에 맞춰 반 발짝씩 움직이는 것이 원칙이다.

안달루시아에서는 목청 좋은 사람이 행렬이 지나는 길의 발코니에 나와 플라멩코 풍의 아카펠라를 부르는 순서가 있는데 이때 행사가 절정에 다다른다. 다른 모든 도시와 마을에서도 같은 의식이 벌어지지만 세비야의 세마나 산타가 가장 성대하다. 행렬을 보려면 수많은 군중 속에서 지난한 기다림을 견뎌야 한다. 신실한 신자가 아니라면 굳이 그 행렬을 따르지 않더라도, 마테오스 가고의 한 바에 앉아 맥주 또는 와인과 함께 타파스를 즐기고 있으면 반드시 이 초현실적인 세비야 행렬을 마주하게 될 거다.

by Hong Eun

적들이 전시되어 있다. 특히 일몰 때 버섯의 상층으로 올라가 따뜻한 차 한 잔과 함께 세비야의 멋진 파노라마 뷰를 감상하기를 추천한다.

메트로폴 파라솔 by andalusiansoul.es

세비야 왕궁 레알 알카사레스

대성당 옆에는 세비야 관광에서 빼 놓을 수 없는 '레알 알카사레스'가 있다. 이 역시 인근에 있는 인디아 기록보관소와 함께 유네스코가 세계문화유산으로 지정한 건축물이다.

팁 : 긴 시간 줄서기를 피하려면 홈페이지 (https://www.alcairsevilla.org)에서 사전에 티켓을 구매하는 것이 좋다. 마지막 입장 시간은 오후 4시 30분, 비교적 이른 폐관 시간에 유의하고, 알함브라와 마찬가지로 정해진 시간에 입장해야 함을 명심해야 한다. 이 티켓으로 메트로폴 파라솔의 고고학 박물관을 포함한 세 개의 박물관에도 입장할 수 있다.

세비야 왕궁 레알 알카사레스는 이 도시의 생성과 역사를 함께 한다고 해도 과언이 아닐 만큼 오랜 역사를 가지고 있다. 우선 10세기 이슬람 시대, 과거 로마 시대의 성벽 잔해 위에 흙벽으로 칼리파 요새 궁전을 세워 올렸고 그 후로도 여러 차례 변형을 거쳐 왔다. 기독교 정복 이후에도 20세기까지 증·개축을 반복해왔다. 덕분에 스페인 건축 역사에서 볼 수 있는 거의 모든 건축 양식이 총 망라되어 있는 '건축 양식 종합세트'라고 할 수 있다.

알모아드 양식의 성벽 안으로 들어서면 사자의 안뜰이 있고, 사자의 안뜰은 다시 두 개의 다른 영역으로 나누어진다. 왼쪽은 왕궁에서 가장 오래된 곳으로, 소위 '석고궁전'으로 불리는 멕수아르인데 이슬람 통치자가 자신의 관료들과 만났던 곳으로 추측된다. 그라나다 나사리 궁전의 멕수아르를 닮은 14세기의 무데하르 건축이다. 아름다운 문양의 회반죽 창문 틈으로 들이치는 햇빛이 목재 천장의 아름다운 기하학 문양을 강조하는 것 하며, 흰 회벽의 중정 역시 알함브라를 떠오르게 한다. 또 하나의 현관은 10세기의 칼리파 양식으로 더 오랜 역사를 갖고 있지만, 아쉽게도 많은 부분이 훼손되고 그 일부만이 남아있을 뿐이다.

석고궁전 앞에는 아메리카 대륙과 스페인 간의 무역을 규제하기 위해 지어진 '까사 데 콘트라타시온(계약의 집)'이 있다. 홀에는 선원들의 수호자 마리아와 콜럼버스와 아메리고 베스푸치가 있는 고딕 양식의 제단이 보존되어 있다.

계약의 집에서 몬테리아 중정으로 이어진다. 중정에서는 14세기에 지어진 돈 페드로 왕궁의 정면 입구가 보이는데, 무데하르 양식의 걸작으로 그 섬세함과 화려함이 너무나 아름답다. 모카라베 양식의 아름다운 목재 처마 아

멕수아르 by Real Alcazar de Sevilla

멕수아르의 중정 by Real Alcazar de Sevilla

래 아랍어와 라틴 문자가 혼재하는 밴드 형태로 장식되어 있다. 그라나다의 왕 모하메드 5세가 알함브라의 왕좌를 되찾도록 자신을 도왔던 카스티야의 왕 페드로 1세에 감사의 표시로 나사리 건축 장인들을 세비야에 파견했고, 그들이 이 건축에 참여했다. 후에 이 장인들이 그라나다로 돌아와 사자의 궁전을 지으며 세비야 왕궁을 지을 때 영향을 받은 기독교적 요소를 반영하게 되었다. 기독교와 이슬람은 늘 갈등 관계로만 생각하기 십상이지만 한때, 일부나마, 안달루시아의 무슬림과 기독교인 사이에 평화로운 기류가 있었다는 것을 알 수 있는 지점이다.

돈 페드로 왕궁 by Turismo de Sevilla

그라나다 장인들이 작업한 부분은 이 궁의 양쪽 측면에 있는 상부 회랑을 이루는 아치인데, 알함브라의 일부와 매우 유사하다. '로얄룸'이라고 불리는 이 상층은 스페인의 왕을 위한 곳으로 아쉽게도 일반인의 출입은 금하고 있다.

몬테리아 중정에서 이어지는 또 다른 궁전은 고딕 양식으로, 두 궁전의 양식이 너무 이질적이라 잠깐 혼란스럽다. 그만큼 변형이 많았던 지점이라는 것을 알 수 있다. 섬세한 감각이 돋보이는 돈 페드로 궁전의 아름다운 '돈 세야스 파티오(처녀들의 중정)'는 알함브라의 사자의 궁전과 매우 닮아있다. 석고궁전과 같은 형태의 아치로 둘러싸여 있는데 벽면의 윗부분에는 이슬람 양식인 석회 장식에 기독교적 요소가 가미되어 있고, 아랫부분은 세비야식 타일로 장식되어 있다. 이 두 가지 디테일은 무데하르 양식의 특징이다. 중앙에는 해자가 있는데 가운데에 물이 흐르는 긴 연못이 있고 양 옆에 초목을 심어 장식했다. 나지막한 해자의 벽은 반원형 아치를 교차시켜 그 사이에 뾰족한 형태의 아치를 표현해 아름다움과 역동성을 동시에 보여 준다.

돈 세야스 파티오 by Turismo de Sevilla

돈 세야스 파티오는 여러 방으로 이어지는데, 그중 '대사의 방'은 알함브라 건축의 백미로 꼽히는 나사리 궁전의 대사의 방과 견줄 수 있을 정도이다. 페드로 1세의 왕좌가 있는 이 방을 방문했던 외부 대사들이 그 아름다움과 화려함에 입을 다물지 못했다고 한다. 세부적으로 보면 석회 장식으로 가득 찬 벽면에, 다각의 별모양 모카라베 장식으로 둘러싸인 반구형의 금빛 목조 돔으로 된 천장이다. 이 천장은 사실 이슬람의 천국을 재현한 것이지만, 실상 그 아래 앉았던 사람은 카톨릭의 왕들이었다. 돔 아래에는 반타원형의 나무 프레임의

액자 안에 스페인 왕 56명의 초상화가 전시되어 있다. 또한 주목할 만한 것은 내부 벽 삼면에 있는 아치들의 화려함이다. 벽면을 거의 매우는 거대한 반원형 장식 안에 세 개의 아치가 서 있는데 가느다란 대리석 기둥 위에 삼중의 말굽모양으로 장식되어 있다. 그 섬세함과 화려함에 넋을 잃고 한참을 살펴보게 된다.

by Kiko Leon, wikimedia.commons.org

왕의 공적인 활동이 돈 세야스 파티오를 중심으로 이루어 졌다면, 작고 섬세한 중정 '파티오 데 무녜까(인형의 중정)'는 사적인 공간이었다. 코르도바에서 가져온 유색의 대리석으로 된 칼리파 기둥을 세우고 그 사이 사이를 셉카로 장식하여 아치를 형성하였다. 무녜까, 즉 인형의 정원이라는 이름은 이 공간의 주인공이 아이들이었음을 뜻하며, 따라서 이곳이 매우 친밀한 가족들의 공간이었음을 알 수 있다.

by Real Alcazar de Sevilla

궁전을 나서면 6만 평방미터가 넘는 크기의 거대한 정원으로 이어진다. 16세기부터 20세기까지 오랜 세월을 거치면서 진화한 이 정원은 견고한 성벽 안에 전 세계에서 온 수천 그루의 나무와 식물 사이에 아름다운 분수와 연못, 화려한 바로크식 회랑, 물레방아의 원리로 작동되는 오르간, 피크닉이나 밀회의 장소였던 파빌리온, 미로를 이루는 나무 울타리와 수십 개의 동상 등으로 구성되었다.

쏟아지는 햇빛이 찬란한 축제를 벌이는 가운데 숨겨진 '하르딘 데 라 단사(춤의 정원)'을 안쪽으로 '바뇨스 데 마리아 데 빠디야(노 젓는 마리아의 목욕탕)'가 숨어 있다. 돈 페드로 왕의 연인이 목욕을 했다고 알려져 있지만, 실제로는 알모아드 요새의 유적으로 12세기의 거대한 저수지이다. 길쭉한 사각

의 연못에는 미동도 없이 죽은 듯 고
요하게 물이 고여 있고, 거대한 천장
의 뾰족한 아치가 수면에 비치는 이
공간은 미세한 소음까지도 증폭시켜
으스스한 분위기마저 느껴진다.

by Real Alcazar de Sevilla

왕궁을 나와 가까이에 있는 인디
아 박물관으로 가보자. 이 박물관 역
시 세계문화유산으로 지정된 곳인데
사실 건축적인 가치보다는 역사적인
가치에 방점이 있다. 다소 차갑게 보
이는 이 정사각형 덩어리는 르네상
스 스타일로 처음엔 세비야의 수산
시장으로 사용되었다 한다. 그러다 18세기 말에 와서 스페인 식민지와 관련
된 모든 문서의 자료관이 된 것이다. 8천만 페이지 달하는 문서를 펼쳐 놓으
면 9km에 달한다고 할 만큼 방대한 내용의 문서를 보관하고 있어 아메리카
대륙의 역사와 관련된 세계사에 대해 공부할 수 있는 장소이다. 입장은 무료
이나 재미는 없다.

푸에르타 데 헤레스 광장을 지나 12세기에 지어진 유명한 건축물, '토레 델
오로(황금의 탑)'를 보러 강으로 나가 보자. 알모아드가 지었으며 오래된 요새
의 일부였다. 강을 통한 외침에 대한 방어, 도시가 포위당했을 경우 강에서 물
을 조달하는 역할을 했다고 한다. 12개의 면과 크기가 다른 3개의 몸체로 된
다각형의 이 탑은 마치 거대한 망원경을 엎어 놓은 듯한 형상이다. 황금의 탑

인디아 박물관 by Turismo de Sevilla

이라는 이름이 붙은 이유는 명확하게 밝혀지지는 않았지만, 일설에 따르면 석회와 짚을 섞어 바른 외벽에 태양빛이 비춰지면 황금빛을 내뿜기 때문이라 하고, 또 다른 설은 당시 남미로부터 들어 온 금을 실은 배들이 이 탑을 통과해야 했기 때문이라고도 한다.

스페인은 16세기부터 17세기까지 세계의 헤게모니를 움켜쥐었던 초강대국이었고 세비야는 그 주요 항구였다. 또한 세비야는 유럽 전역에서 사람들이 가장 활발하게 드나들던 국제도시였다. 그러나 스페인이 17세기 중반부터 20세기 말까지 실질적으로 지속적인 쇠퇴를 겪으며 세비야 역시 침체기를 겪게 된다. 그러다 아메리카 발견 500년이었던 1992년, 세비야에서 유니버설 엑스포를 개최하게 되어 이것을 계기로 스페인 광장, 엑스포 파빌리온을 비롯해 몇몇 현대적인 다리와 기타 대대적인 인프라가 건설되며 안달루시아 수도 세비야는 다시 일어서게 된다.

스페인 광장으로 가는 길에 붉은색과 노란색 외관에 회색 출입구가 있는 바로크 양식의 건물을 지나게 되는데 산 텔모 궁전이다. 지금은 안달루시아 지방정부의 본관으로 방문은 불가능하다. 1847년까지 이곳은 항해학 아카데미였는데 건물 정면의 조각 작품에서 건물의 이력을 짐작할 수 있다. 전설 속 아틀란티스의 남자들이 발코니를 떠받치고 있으며, 여성의 형상을 조각한 12개의 작품은 과학과 해상 지식을 상징한다고 한다.

이 궁전 가까이에 그 당시 스페인 왕을 기리기 위해 1928년에 개장한 알폰소 13세 호텔이 있다. 애초에 왕궁으로 지어진 이 호텔은 격조있고 우아하여 관광객들에게 매우 인기가 있다. 1962년 영화 "아라비아의 로렌스"의 일부 장면이 이 호텔에서 촬영되기도 했으며 수많은 유명인사들이 이 호텔에 머물렀다 한다. 고르바쵸프, 마돈나, 찰스 황태자와 다이애나비, 안젤리나 졸리와 브래드 피트 등등. 이 호텔은 스페인 광장과 같은 시기에 같은 스타일로 건축되었다.

스페인 광장으로 향하는 길에 만날 수 있는 또 다른 18세기의 멋진 건물, 현재는 세비야 대학본부로 사용하고 있는 '레알 파브리카 데 타바꼬(왕립 담배공장)'는 아메리카 대륙과 세비야의 관계를 다시 한 번 상기하게 한다. 스페인은 남미에서 담배를 가져와 1768년 유럽 최초로 이 공장에서 담배를 생산하기 시작했고 여기서부터 담배가 전 유럽으로 확산되었다. 담배가 인기를 끌었던 19세기 초반에는 수천 명의 직원이 근무했으며 대부분의 직공은 여성들이었다. 비제의 오페라 〈카르멘〉에 주인공으로 등장하는 카르멘이 그중 하나이다. 이처럼 세비야는 수많은 오페라 작곡가들에게 많은 영감을 준 도시 중 하나이기도 하다.

우리의 산책은 드디어 스페인 광장으로 이어진다. 스페인 광장은 드넓은

레알 파브리카 데 타바꼬 by Universidad de Sevilla

마리아 루이사 정원 안에 자리 잡고 있다. 1914년 정원을 조성할 당시 이미 1929년 이베로-아메리카 엑스포를 계획하고 있었기 때문에 그것을 염두에 두고 이 정원 중심에 광장이 들어설 것을 계획했던 것이다. 스페인 광장의 건축 형태는 거대한 반원형으로 스페인이 양팔을 벌리고 있는 모습을 표현하고 있는데, 아메리카 대륙뿐만 아니라 필리핀 등 일부 아시아 지역까지 포함한, 과거 스페인의 식민지였던 국가들에 대한 포용을 의미한다. 광장은 그 식민지를 향한 출발점이었던 과달키비르강을 향하고 있다. 건물은 기본적으로 르네상스 양식을 베이스로 하지만, 양 측면에 있는 두 개의 타워는 바로크 양식이고 벽돌이나 세비야 도자기 또는 타일 같은 무데하르 건축의 재료도 사용하는 등, 다양한 건축 양식을 자유롭게 구현하였다. 중앙에 위치한 가장 큰 건물을 중심으로 대칭으로 측면에 4 동, 양 끝에 2개의 타워가 있고 각 건물들은 아치로 연결된 회랑으로 반원 형태로 이어져 있다. 건물 앞 넓은 광장의 중앙에는

분수가 배치되어 있다. 광장을 둘러싼 운하에는 세비야 도자기로 아름답게 장식된 4개의 다리가 있다. 보트를 빌려 여유 있게 노를 저으며 운하를 한 바퀴 돌아보는 것도 좋다. 단, 한 여름엔 너무 뜨거워 후회하기 십상이다.

특별히 관광객들의 눈길을 끄는 지점은 회랑 아래에 있는 아름다운 벤치들이다. 건물 전체를 따라 이어지는 벤치는 총 56칸으로 스페인의 56개 지방의 대표적인 역사적 에피소드를 담고 있다. 타일과 연철을 이용하여 화려하고 아름답게 장식한 벤치는 각 지방의 이름 첫 글자 알파벳순으로 배치되어 있어 좋

by andalusiansoul.es

아하는 도시를 찾아보는 재미가 있다. 햇빛을 받아 따끈하게 달구어진 타일 벤치에 눕거나 앉아 일광욕을 즐기는 관광객들의 표정이 마냥 자유롭고 행복해 보인다. 광장에서는 플라멩코 연주하는 모습을 볼 수 있는데 기타 연주에 맞춰 화려한 춤을 추는 댄서, 격정적인 발 구르는 소리와 호응하는 관광객들의 "올레!!" 소리가 매력적이다. 이게 세비야지! 싶은 풍경이다. 거리의 예술가들은 동전과 환호로 예술에 대한 보상을 받는다.

플라멩코의 심장을 찾아 가는 길

　세비야 플라멩코의 영혼을 찾으려면 강 건너편 트리아나로 가야 한다. 트리아나로 가면 넉넉한 인심을 가진 사람들과 한적하면서도 매력적인 광장들이 있어 관광지 한복판과는 다른 편안함을 준다. 인디아 박물관 옆 트램이 지나는 넓은 거리 '아베니다 데 콘스티투시온'을 따라 산책하듯 느릿느릿 걸으며 구도심을 구경하다 보면 스페인 광장과 동시대에 세워진 건물들이 눈에 띈다. 붉은 벽돌과 화려한 타일, 이슬람식 아치형 창문들로 장식된 건물로, 다른 건물들과 나란히 서서 이색적인 조화를 이루고 있다. 특히 이 길 끝에 있는 건물 '아드리아티카'는 붉은 벽돌과 크림색의 외관에 고딕 양식과 아랍식 아치가 나란히 걸려있는 대형 발코니가 있어 쉽게 알아볼 수 있다. 가장 눈에 띄는 것은 전망대로 둥근 모서리를 장식하는 녹색과 흰색 타일의 돔이 아름답다. 두 길의 교차점에 위치한 이 건물의 앞에 누에바 광장이 열려있다.

누에바 광장은 세비야의 심장으로 구도심의 역사지구와 고급 상점들이 들어서 있는 시에르페스 거리를 비롯한 상업지구를 잇는다. 나무로 둘러싸인 이 광장의 중심에는 세비야에서 이슬람을 몰아낸 정복자 페르난도 3세의 동상이 있다. 광장 앞에 눈길을 끄는 건물은 세비야 시청인데, 비교적 최근에 완성된 19세기의 외관은 그닥 흥미롭지 않으나 뒷면은 세련된 후기 고딕 양식으로 둘러 볼 가치가 있다. 흥미로운 디테일로 가득한 이 건물에는 입장도 가능하며, 내부에는 귀중한 예술 작품 콜렉션도 있다.

프라도 미술관에 이어 스페인에서 두 번째로 중요한 미술관인 '무세오 데 베야스 아르테스(시립미술관)'로 발길을 옮긴다. 이슬람 지구 메디나의 좁지만 활기찬 골목을 지나 박물관 앞에 도착하니 세비야의 3대 화가 중 한 명인 무리요의 동상이 서 있다. 사실 훨씬 더 유명한 화가 벨라스케스가 있을 법 한데 무리요라니…. 하지만 다 이유가 있다. 무리요는 평생을 이곳 세비야에서 살면서 작품 생활을 이어 가며 후학들을 양성했던 진짜배기 세비야 사람이었던 것이다. 반면에 벨라스케스는 24세의 나이에 고향을 등지고 마드리드 궁정으로 옮겨간 후 돌아오지 않았다. 그러니 세비야 사람들로서는 높은 명성보다 고향을 택한 무리요를 더 사랑할 밖에….

미술관은 정면이 바로크 양식인 옛 수도원 건물에 있다. 소액의 입장료만으로 벨라스케스의 그림 두 편, 엘 그레코, 고야, 호세 리베라, 루카스 크라나치의 명화들을 감상할 수 있다. 그리고 무엇보다도 17세기 세계 최고였던 세비야 예술학교의 높은 수준을 가늠할 수 있다. 쑤르바란의 단순하지만 인상적인 그림, 잘 알려지지 않았지만 표현주의자 발데스 레알의 인상적인 캔버스, 가장 세련된 기법의 화가 무리요, 특히 세 가지 색상만으로 영혼의 가장 깊은

곳을 터치하는 무리요의 성화 18점 등등. 또한 미술관의 다섯 번째 방인 오래된 수도원 교회의 아름다움과 걸작선도 놓칠 수 없다. 마지막 방에는 19세기와 20세기 세비야에서 주목할 만한 작품들이 있다. 예를 들어 우리가 이미 언급 한 오래된 담배 공장 노동자들을 그린 생생한 초상화, 곤살로 빌바오의 〈라스 시가레가스〉 (담배 공장의 여공들, 1915)가 있다.

조각 컬렉션의 대부분은 바로크 작품인데 그 사이에서 한 작품이 눈에 띈다. 1527년 르네상스 작품으로 이탈리아에서 미켈란젤로와 동시대에 활동했던 피에트로 토리지아노의 작품 〈성 제롬〉이다. 바로크 이전의 세비야의 조각 작품들은 이탈리아 르네상스에서 영향을 받은 것으로 추정된다.

과달키비르강 건너편

'이사벨 2세 다리'라고도 불리는 트리아나 다리는 세비야에서 가장 아름다운 다리로 꼽힌다. 1172년에 건설된 오래된 다리를 대신해 1852년 새롭게 건설한 다리다. 이 다리를 건너면 트리아나 지구이다. 그라나다의 알바이신 사람들이 그렇듯 트리아나 사람들도 다리 건너 시내를 나갈 때 '나 세비야 다녀올게' 라고 말 한단다. 그들만의 특별한 정체성을 가지고 세비야 일반과는 차별을 두려는 것이 신기하고 궁금하다.

트리아나에 도착하면 먼저 알토싸노 광장이다. 낚시 구역, 플라멩코 지역, 도예가 지역으로 가는 모든 경로가 여기서 시작된다. 광장 한켠의 산 호르헤 성 유적에 세비야의 옛 취조실이 있었다. 지금은 박물관으로, 당시의 고문도구 등이 전시되어 있어 종교를 빙자한 인간의 잔혹성을 생각하게 한다. 알카

사레스 입장권이 있으면 잠시 후 이야기할 세라믹 박물관과 함께 이 박물관도 무료로 입장이 가능하다.

베토벤의 유일한 오페라인 〈피델리오〉에도 그려진 종교재판으로 무려 4세기 이상의 오랜 기간 동안 종교적 반체제 인사들이 박해받고 수많은 사람들이 잔인하게 처형당했다. 때문에 이 박물관을 보고 나오면 어둡고 무거운 마음이 되지만 같은 건물에 전혀 다른 분위기의 트리아나 시장이 있다. 말 많고 목소리 큰 스페인 현지인들과 관광객들이 섞여 시끌벅적한 유쾌함이 넘쳐흐르는 곳이다. 온갖 싱싱한 과일과 채소 등 식재료는 물론이고, 바(bar)들이 있어 잠깐 걸터앉아 맥주와 함께 가벼운 요기도 할 수 있다. 관광객을 대상으로 한 요리교실도 있으며 때를 잘 맞춘다면 연극이나 뮤지컬 같은 공연도 볼 수 있다.

시장에서 가까운 골목 '까예 까야오'에는 오래된 도자기 공장들이 들어서 있는데 그중 하나가 도자기 박물관이다. 트리아나의 도자기 역사와 함께 공장 시설도 돌아볼 수 있다. 물론 작품 감상도 할 수 있고 구입도 가능하다. 수백 점의 도자기를 한번에 구워낼 수 있는 몇 개의 이슬람식 가마가 보존되어 있고 장작을 보관하기 위한 크고 작은 창고가 있다. 트리아나의 세라믹 역사는 알모아드 시대부터 시작되어 1929년 이베로-아메리카 엑스포를 위한 건축과 함께 절정에 달했다. 지금은 거의 사라지기 직전에 와 있지만, 까예 알파레리아(세라믹 골목)가 남아 있어 근근이 전통을 이어가고 있다. 작업에 몰두하고 있는 한 장인에게 조심스럽고 정중하게 다가가 작업하는 모습을 볼 수 있었고, 몇 장의 사진도 찍을 수 있었다.

트리아나는 멋진 건축물이나 관광지로서의 눈길을 끄는 요소는 딱히 없을지 모르나 뭔가 딱 꼬집어 말하기 어려운 매력이 있다. 아름다운 광장과 대를 이어 이곳을 살아온 토박이들 간에 오가는 친근함 속에 건강한 공존을 느낄 수 있다. 분명히 도시에서는 보기 어려운 따뜻한 분위기가 사람의 마음을 무장 해제시키는 매력적인 구석이 아닌가 싶다.

특히 트리아나의 중심거리 '까예 산 하신토'는 다양한 상점과 바로 가득 채워진 말끔한 거리이다. 트리아나의 모든 길은 여기서부터 시작한다. 이 길에서 이어지는 '까예 로드리고 데 트리아나'에는 콜럼버스가 이끄는 배가 아메리카 원정 시 길고 긴 항해로 전체 선원들의 에너지가 고갈되었고 절망에 빠졌을 즈음, 눈 앞에 나타난 육지를 처음 발견하고 "육지다!!" 외쳤던 인물, 로드리고의 출생지가 있다. 도로 이름도 그의 이름을 따서 붙여졌다. 13세기에 세워진 작은 성당인 산타아나 성당도 있는데, 현명한 왕으로 추앙받았던 알폰소 10세의 명령으로 사람들의 눈 질환을 치유한다는 성모 산타 아나에 대한 감사의 표시로 세웠다 한다. 성당의 종탑은 무데하르 고딕 양식, 내부의 화려한 중앙 제단은 르네상스 양식이고 17세기에 와서 바로크 양식의 예배실 두 개가 확장되었다.

까예 산 하신토 by Ajay Suresh, commons.wikimedia.org

이 성당에서 몇 발자국 떨어진 곳에 스페인 축구 구단의 하나로 우리에게 알려져 있는 이름, 베티스 거리가 이어진다. '베티스'는 과달키비르강의 로마 시대 이름이었다. 이 거리에서 바라다보는 세비야 구시가지의 장엄한 실루엣을 놓치지 마시라. 그 시간이 석양 빛 물드는 저녁 무렵이라면 더 좋다. 지금은 화려한 외관의 건물들이 들어 서 있고 고급스러운 레스토랑 등 세련된 거리가 되었지만 불과 수십 년 전까지만 해도 전혀 달랐다. 1933년까지 도로는 비포장이었고, 고궁과 수녀원 사이에 반쯤 부서진 집들이 즐비했다 한다. 오페라 카르멘의 기초가 된 소설 "프로스페르 메리메"에 따르면 카르멘이 살았던 곳이 바로 이곳이다.

by Turismo Sevilla

서민들의 보금자리였던 이 대중적인 주거지에는 많은 수의 가족들이 복작거리며 살고 있었고 그중 많은 부분을 차지했던 집시들은 그들만의 강한 연대와 플라멩코의 위로가 있어 그 지난했던 가난한 현실을 버티고 살아남을 수 있었다 한다. 집시들은 태생 자체가 이곳 트리아나의 코랄라(중정을 중심으로 사각으로 지어진 건물로 여러 가구가 모여 사는 주거 형태) 같은 건물이나 그라나다 사크로몬떼의 동굴과 같이 열악한 곳이기 때문에 플라멩코는 근본적으로 슬프고 한이 서려있다. 그라나다의 사크로몬떼와 마찬가지로 이곳 트리아나는 세비야 플라멩코의 기반이 되는 곳이다. 플라멩코 댄서, 가수, 기타리스트의 영혼에 깃든 마법으로 손과 발을 움직이고 목청을 돋우어 쏟아내는 그 정열의 예술이 주는 힘이 있다. 그 힘이 관객들을 흥분과 감동으로 이끈다. 하지만 1950년대 말에 베티스 거리 뒷편인 이 동네 대부분이 재건되면서 아쉽게도 그 일대가 소멸되고 말았다. 대부분의 코랄라가 철거되고 수백 명의 집시 가족이 도시 외곽의 빈민가로 강제 이주됨에 따라 400년 이상 역사를 자랑하던 플라멩코의 안식처는 사라지고 서민들과 집시들의 평화로운 공존도 종식되고 말았다.

세비야의 마지막 여정은 강으로 정했다. 유람선을 타고 유유히 흐르며 강의 양쪽으로 이어지는 눈부신 세비야의 풍경을 천천히 훑어가며 작별을 고한다. 그 와중에 뾰족한 히랄다의 얼굴이 계속 우리를 따라온다. 여행자의 평안을 기도하는 듯 하다.

by andalusiansoul.es

세비야 근교

세비야 지방에 당일로 다녀올 수 있는 두 개의 소도시를 선택했다. 시외버스로도 가능하지만 시간에 구애받지 않고 좀 더 자유롭게 움직이고 싶다면 자동차를 이용하는 것이 좋다. 안달루시아 대부분의 도시가 이슬람과 카톨릭의 문화로 점철된 반면 이 두 도시는 이슬람과 카톨릭 뿐 아니라 로마의 뿌리가 특히 강한 곳이다. 카르모나와 이탈리카, 두 개의 작은 도시를 통해 로마 유적과 그 문화를 중점적으로 알아보기로 하자.

카르모나, 왕의 피난처

세비야와 카르모나 사이의 거리는 34km에 불과하여 고속도로로 30분이면 도착한다. 구도심에 접근하면 '푸에르타 데 세비야(세비야의 문)'가 먼저

보인다. 세비야 문은 로마 성체의 기초 위에 이슬람식 문이 있는 작은 성이었다.

먼저 이 성 위로 올라가 도시 전망을 보기로 했다. 성벽 바깥쪽으로는 산 페드로 성당이 먼저 눈에 들어오는데, 종탑이 세비야 대성당의 타워와 닮아서 '히랄디야'라고 불린다. 성벽 안 구도심 쪽으로는 여러 개의 성당의 탑과 궁전, 수녀원 등으로 이어지는 고도(古都)의 스카이라인을 볼 수 있다.

by Turismo Carmona

by Turismo Carmona

　2천 년이 넘은 역사를 품은 구도심 거리를 천천히 걸어 보자. '비아 아우구스타(아우구스타 도로)'는 이곳을 지나 반도 전체를 가로지르는, 로마 시대 히스파니아의 메인 도로였다. 그 특별한 지리적 위치 덕분에 고대 로마 도시인 카르모(카르모나의 로마 이름)는 경제적, 정치적으로 발전할 수 있었다. 카르모나의 중심이 되는 산 페르난도 광장에 도착하니 동네 할아버지들이 쪼로록 앉아 햇볕을 쬐며 도란도란 이야기를 나누는 모습이 세상 평화로워 보인다. 이 광장은 16세기에 구 로마 도시 위에 건설되었다. 모든 로마 도시의 형태를 보면 두 개의 주요 도로가 교차되는데 도시의 동쪽에서 서쪽으로 가로 지르는 도로 '데쿠마노 막시모'와 남쪽에서 북쪽으로 이어지는 '카르도 막시모'이다. 이 광장은 그 두 도로가 교차되는 지점이고 우리는 카르도 막시모 루트를 따라가기로 한다. 광장을 지나 '까예 마르틴 로페즈'를 걷다 보면 17세기에 지어진 두 개의 궁전으로 둘러싸인 거리 중심에 성처럼 견고한 아순시온 성당이 우뚝 서 있다. 단단한 기둥이 지탱하는, 높은 고딕 양식의 천장이 있는 성당 내부가 매우 인상적이다. 15세기에 세워진 이 성당은 19세기까지 지속적으로 증·개축되면서 거의 모든 건축 양식의 요소가 추가되었다.

성당 가까이에는 산타 클라라 수도원이 있다. 쭈뼛쭈뼛 기웃거리는 관광객을 수녀님들이 친절하게 맞아주시니 맘 편히 돌아 볼 수 있었다. 고딕 양식의 단순한 중정과 작지만 눈부신, 17세기에 지어진 성당도 둘러 볼 수 있는데 황금빛으로 장식한 섬세한 무데하르 천장이 아름답다. 성당을 나와 수녀님들이 직접 구워 판매하는 영국식 과자 한 봉지를 사서 나왔다. 너무 달지 않고 포근포근한 것이 입맛에 맞다.

산타 클라라 수도원 by Turismo Carmona

이 거리의 끝에 코르도바의 문이 있다. 이 문의 하부는 역시 로마 시대의 건축이 보존되어 있고 그 외의 부분은 18세기 신고전주의 개혁 이후의 모습을 간직하고 있다. 문 밖으로 끝도 없이 넓다랗게 펼쳐지는 전원 풍경이 평화롭다.

코르도바 문에서 다시 마을 쪽으로 되돌아가는 길, 왼쪽으로 첫 번째 거리까예 깔라트라바를 따라가다 보면 히랄다를 떠오르게 하는 셉카 장식의 무데하르 타워와 르네상스 종탑이 있는 산티아고 성당을 지나 알모아드 성채로 이어진다. 후에 카톨릭 왕조가 개조하여 현재는 스페인의 국영호텔 '파라도르'가 되었는데, 이빨 빠진 성벽과 파라도르의 입구 정도만 남아 있을 뿐 알모아드 성채의 모습은 사실 거의 다 사라지고 없다. 국가에서 직접 운영하는 파라도르는 거의 모든 도시에 있는데 대부분 고성이나 수도원 등에 들어 서 있으며 전국적인 네트워크를 이루고 있다. 이 호텔은 1974년에 세워져 비교적 새 건

코르도바의 문 by www.andalucia.org

물이지만, 폐허의 중세 영혼과 잘 어울리게 디자인 되었다. 벽에는 전쟁과 정치적 음모를 피해 이곳에 피신했던 페드로 1세의 검들이 전시되어 있다. 파라도르 안으로 들어가 테라스에 앉아 잠시 쉬어 가는 시간. 느긋하게 차를 마시며 발아래 펼쳐지는 드넓은 전원 풍경을 감상하는 이 시간이 참 좋다.

파라도르를 나와 전원 풍경을 감상하며 왼쪽으로 구도심을 돌아 나오면 우리가 처음 시작한 세비야의 문으로 다시 돌아온다. 처음 시작했던 비아 아우구스타를 따라 이번엔 반대편으로 가 보자. 로마 카르모의 공동묘지 유적지, 네크로폴리스를 찾아가는 길이다. 유적지에 들어가기에 앞서 아직 발굴이 진행 중에 있어 방문할 수는 없지만 거대한 원형극장의 형태가 보인다. 이곳은 스페인에서 가장 잘 보존된 네크로폴리스인데, 공동묘지에서 오히려 당시 삶의 형태를 본다는 것이 매우 흥미롭다. 처음엔 아마추어 고고학자 두 사람이 19세기 말에 공적인 도움없이 발굴 작업에 착수했다고 한다. 또한 이들이 이 현장의 역사적 의미를 해석하고 방문자들에게 알리기 위해 입구에 박물관을 세웠다. 현장에 이런 형태의 고고학 박물관을 세운 것은 유럽에서 최초라고 하며 후에 많은 박물관들의 표준이 되었다고 한다.

로마의 장묘 문화는 사체를 화장하여 그 재를 용기에 담아 지하 벽면에 홈을 파서 보관하는 방식이었다. 그래서인지 네크로폴리스에는 수평의 묘지도 있지만 대부분은 계단을 통해 내려가는 수직 형태의 지하 묘지이다. 지하 공간은 모두 흰색으로 칠한 회벽에 벽화로 장식했는데 지금은 희미해져 거의 보이지 않는다. 매장실 앞에는 로마 특유의 장례 절차를 진행하기 위한 안뜰이 조성되어 있는데 아름다운 조경과 함께 탁자와 벤치도 배치되어 있다.

네크로폴리스 by www.andalucia.org

이 공동묘지의 왼쪽으로 신기한 무덤 하나가 있는데 내부에서 코끼리 동상이 발견되었기 때문에 코끼리 무덤이라 한다. 지하 공간에 벽에 파인 홈뿐만 아니라 중앙에 제단이 있었던 것으로 보아 부활신을 숭배했던 것이라고 한다. 봄이 시작되는 날인 3월 21일이면 햇빛 한 줄기가 정확하게 그 제단을 비추는데 이집트의 피라미드와 같은 원리이다.

공동묘지의 가장 안쪽에 유난히 큰 묘지 하나가 있는데 세르빌리아의 무덤이다. 세르빌리아는 이 도시의 최고위직의 딸이었다 한다. 계단을 내려가면 입구부터 크기가 다른 대형 중정으로부터 여러 개의 공간으로 이어진다. 유골이 있는 중앙의 메인 방으로 들어가면 규모는 작으나 궁이나 성당에서나 볼 수 있을 만한 아치형 천장과 그 천장에 있는 채광장이 매우 인상적이다. 여기서 발굴된 코끼리와 세르빌리아의 동상과 생전에 사용하던 물건들, 장례식에 사용되었던 용기들은 모두 박물관에 전시되어 있다. 권력자의 가족 뿐 아니라

기르던 동물의 죽음까지도 호화로운 것이 새삼스럽지는 않으나, 그 호화로움
이 죽은 자를 위함일까 산 자를 위함일까….

세르빌리아의 무덤 by Turismo de la Provincia de Sevilla

by www.andalucia.org

고대 로마 도시 이탈리카

    세비야에서 고대 로마 도시 이탈리카까지는 불과 12km로 가까운 거리에 있다. 먼저 로마의 콜로세움을 모델로 지은 원형극장은 2만 5천 명의 관중을 수용할 수 있는 거대한 규모이다. 입구를 따라 들어가면 바로 경기장으로 이어진다. 경기장의 한가운데에는 십자 형태로 열린 지하층이 있는데 맹수를 가둔 우리를 비롯해 경기에 나서는 글래디에이터 등 경기에 참여하거나 운영을 돕는 사람들이 대기하는 장소였다. 피 튀기는 경기가 끝나고 나면 도르레를 이용해 맹수 우리를 들어 올리고 우리의 문을 열어 경기에서 패한 자를 먹이로 삼았다고 한다. 세 개 층의 관람석이 있고 경기장에 가장 가까운 아래층에는 도시의 귀족들이 앉고, 가운데층에는 중산층이, 가장 높은 층에는 하층민과 노예가 앉아 모두가 한 데 모여 피의 쇼를 즐겼던 것이다. 한 인간의 죽음을 봐야만 끝이 나는 오락이라니…. 로마인들은 여러 면에서 매우 문명화된 사람들이었지만 폭력성 또한 그들의 정체성의 일부였던 것인가.

by www.andalucia.org

원형극장 위 높은 언덕에 올라서면 발 아래로 펼쳐지는 원형극장과 이어지는 도시의 풍경이 한 눈에 들어온다. 이탈리카는 기원전 206년에 건설되었는데 이탈리아를 제외한 곳에 건설된 최초의 로마 도시였다. 이탈리카의 가장 화려한 시기는 도시 건설로부터 300년이 넘게 지난 2세기 때였다. 이곳 출신인 트라한 황제를 기리기 위해 후임이었던 아드리안 황제가 도시를 더욱 확장시킨 것이다. 둘 다 로마가 권력의 정점에 도달한 시기인 히스패닉계 안토닌 왕조에 속한다.

by Prodetur

원형극장은 성벽 밖에 위치해 있지만 메인 도로 카르도 막시모에 연결되어 있다. 이 메인 거리를 중심으로 중요한 로마 유적들이 집중적으로 발굴되었는데, 왼쪽에 있는 첫 번째 건물의 잔해는 '액세드라의 집'으로 체육관과 욕실이 있는 사교클럽이었던 것으로 추측되는 건물군의 유적이다. 중심엔 곡선으로 디자인된 특이한 형태의 중정이 있다. 먼저 넵투노(해왕성)에는 검은색의 그로테스크한 형태의 동물들을 사냥하는 문양의 모자이크로 장식한 바닥이 남아 있고, 플라네타리오(지구)에는 원형의 문양으로 주간의 요일을 의미하는 행성과 관련된 로마 신들이 등장한다. 주노(월요일), 마르테(화요일), 메르꾸리오(수요일), 주피터(목요일), 베누스(금요일), 사투르노(토요일) 및 헬리오스(일요일).

그리고 유일하게 발굴이 완성된 '새들의 집'에는 풍요의 여신 티루스를 둘러싼 여러 종의 새를 표현한 모자이크가 장식되어 있다. 아쉽게도 중앙에 있던 여신의 이미지는 사라져 지금은 볼 수 없고 그 자리만 남아 있다.

새들의 집 by Consejeria de Cultura Junta de Andalucia

수 세기 동안 방치되었던 도시는 맹렬한 약탈을 당했다. 덕분에 사후에 신격화된 트라한 황제에게 바쳐진 본관 트라이아네움 신전의 유물은 거의 남아 있지 않아 그 흔적만이 쓸쓸하다. 온전치 못하게 남아 있는 전면 8개의 기둥과 측면 12개의 기둥이 그나마 남아 있는 트라한의 조각상을 둘러싸고 있고, 100개의 기둥이 세워진 거대한 정사각형의 신전을 상상할 수 있을 뿐이다. 근처에는 커다란 목욕탕의 흔적도 남아 있다. 3만 평방미터의 거대한 로마 유적지 중 아직 그 일부만 복구된 상태이다.

당시 히스파니아에서 가장 부유한 도시이자 로마제국의 주요 도시 중 하나였던 이탈리카에서 우리의 세비야 여행은 끝을 맺는다. 남은 유적을 보며 그 위상에 감탄하게 되는 지금, 도시의 절정의 순간 이곳은 어떠했을까 상상해 본다. 인간의 위대함과 동시에 권력의 무상함이 느껴지는 현장이다.

05 [지중해와 대서양의 교차로 카디스]

우리의 여행은 과달키비르를 따라 안달루시아의 동쪽 최남단 카디스주로 이어진다. 안달루시아를 흐르는 거대한 강은 여기 산 루카르 데 바라메다(Sanlucar de Barrameda)에 도착해 바다로 이어지며 그 생을 마감하게 되는데, 그에 앞서 유럽에서 가장 귀중한 자연보호구역 중 하나인 도냐나 습지를 거치며 수많은 생명체의 폭발을 촉진하는 마지막 소임을 다하게 된다. 과달키비르의 동쪽에 위치한 헤레스 데 라 프론테라의 광활한 들판에서 세계적으로 유명한 와인, 일명 쉐리주가 생산되어 이미 로마 황제의 기쁨으로 소비되었다 하니 그 기나긴 역사를 알 수 있다. 카디스 평야의 북동쪽에 이르면 아르코스 데 라 프론테라로 대표되는 하얀 마을들이 매달려 있는 산악 지형으로 변모한다. 무엇보다 카디스는 두 바다와 두 대륙이 만나는 교차로로서 페니키아인의 식민지화, 이슬람 침공 그리고 아메리카 대륙으로의 진출과 같은 결정적인 역사적 사건들이 바로 이 땅에서 일어났다. 대서양에 면하고 있는 고도 카디스는 바다에 반사되어 반짝이는 모습에 '작은 은잔'이라고도 불린다.

카디스 산책

바다로 둘러싸인 카디스는 좁은 반도이며 거의 섬에 가깝다. 약 3천 년 전 페니키아인들이 이 도시를 세울 당시 자신의 재산을 보호하는 동시에 원주민과의 상거래가 용이한 곳으로 완벽한 지형 조건을 갖춘 이 고립된 위치를 선택했다. 이 지형상의 고립 덕분에 오늘날까지도 뚜렷한 개성을 가진 별개의 땅으로 여겨진다.

자동차로 도착하는 경우, 구시가지 진입 전에 위치한 라스 카레사스 주차장에 주차하는 게 좋다. 주차장을 나서면 18세기의 '푸에르타스 데 띠에라(Puertas de Tierra, 육지의 문)'가 눈에 띄는데 이 문을 기점으로 구시가지와 신시가지로 나뉜다.

by Turismo Ayuntamiento de Cádiz

먼저 로마 극장으로 가보자. 구시가지의 산타 마리아 지역으로 이어지는 또 다른 오래된 문을 지나면 좁은 골목, 성벽의 흔적, 우뚝 솟은 멜세드 성당의 빨간색과 흰색의 타일로 장식된 종탑 등 과거 스페인에서 경제적으로 세 번째로 중요했던 영광의 시간 속으로 들어간다. 골목을 걷는데 어디선가 리드미컬한 기타와 함께 플라멩코를 열창하는 탁성이 들려온다. 오늘날 이 지역은 집시 구역으로 카디스의 플라멩코 예술인들의 활동 구역으로 자리 잡았다.

이 오래된 항구 거리를 걷다 보면 로마 극장이 있는 또 다른 전통적인 동네 포풀로로 이어진다. 도로에 묻혀 있어 잘 눈에 띄지 않지만 다행히도 안내 센터가 있어 그 내부를 들여다 볼 수 있다. 안내 센터에서 두어 걸음 떨어진 곳에는 슬픈 전설이 서려 있는 좁디좁은 두엔데 골목이 있다. 이곳은 19세기 초 프랑스 침공 당시 사랑에 빠진 카디스 출신의 젊은 여성과 점령군 프랑스 중위의 밀회 장소였는데 발각되어 여기서 살해당했다고 한다.

두엔데 골목에서 이어지는 까예 메종은 산 마르틴 광장으로 연결된다. 붉은 대리석 외관이 인상적인 까사 델 알미란떼가 눈에 띈다. 발코니를 둘러싼 솔로몬식 기둥으로 보아 17세기의 바로크 양식 건물로 보인다. 카디스는 당시 미대륙에서 온 모든 선박이 들어오는 주요한 국제 항구였으며 신대륙에서 엄

까사 델 알미란떼 by Turismo Ayuntamiento de Cádiz

청난 부를 가져다 준 갤리온선을 지키기 위한 호위선이 건조되기도 했다. 이러한 분위기가 유럽에서 가장 영향력 있는 상인들을 끌어 들이며 카디스는 국제도시로 자리잡게 된다. 까사 델 알미란떼는 미대륙을 왕래하는 함대를 이끌던 한 제독에 의해 지어졌는데, 당시 카디스에 살던 많은 이탈리아 제노바 사람들을 통해 명망 있는 석공을 수소문 해 대리석을 주문해 건축했다고 한다.

이 건물에서 멀지 않은 곳에 산 후안 데 디오스 포르티코 광장이 있다. 광장의 오른쪽에는 그리스 사원을 닮은 커다란 시청사가 광장을 압도하고 있다. 18세기 카디스의 황금기에 번성했던 신고전주의 양식이다.

여기서 이어지는 까예 펠로타는 큰 키의 야자수들이 늘어선 대성당 광장으로 연결된다. 1721년에 바로크 양식으로 시작했다가 도중에 신고전주의 양식으로 변경되며 1859년까지 건축된, 그러나 여전히 미완인 채로 남아 있는

카디스 시청 by www.andalucia.org

신고전주의 양식

바로크 양식은 18세기 중반 절대 군주제와 함께 소멸되고, 머지않아 계몽철학에 힘입어 프랑스, 영국, 독일 등에서 바로크와 반대되는 스타일이 나타났다. 이것이 바로 신고전주의로 르네상스와 같은 고전주의에서 영감을 받아 탄생했다. 그러나 르네상스 예술가들이 그리스와 로마 양식을 기반으로 독창적인 새로운 양식을 추구한 것과 달리, 신고전주의는 상징성과 기념성을 우선시하고 장식을 버리는 지나치게 합리적인 방식으로 정착되며 차갑고 개성이 없는 예술이 되고 만다. 또한 회화와 조각에서도 고전적 이상을 재현하기 위해 사실과는 동떨어진 형태를 추구한다. 대부분 거대한 돔과 정사각형 또는 원형의 몸체로 되어 있는 신고전주의의 종교 건축물은 신전 형태로 기존의 성당보다 더 고전적으로 보인다.

19세기 초, 신고전주의는 기념성을 중시하는 성격은 그대로 유지하면서도, 기존의 형태를 과감하게 진화시켜 기발한 기하학적 형태의 건축물들을 창조해 냈다. 하지만 그 과도한 과감성은 결국 신고전주의의 몰락으로 이어졌다.

19세기 중반, 새로운 스타일인 역사주의가 나타나는데 각 건축가의 기준에 따라 한 건물에 과거 여러 양식의 요소를 결합한 스타일이다.

by Fanattiq, commons.
wikimedia.org

본당은 예산 부족으로 애초에 구상했던 웅장함을 잃고 말았다. 대성당의 거대한 황금 돔은 먼 거리에서도 볼 수 있는 지표로 등대 역할을 수행한다. 한편 해수면 아래에는 거대한 토굴이 있는데 음향의 공명이 웅장하기로 유명하다. 어린 시절 그라나다로 이전한 음악가 마누엘 데 파야가 이곳 카디스 출신이다.

대성당의 왼쪽에 있는 푸에르타 데 라 로사(장미의 문)는 중세에 섬 한가운데 세워진 고성의 흔적으로 남아 있고, 오른쪽에 있는 단순한 외관에 매너리즘 양식으로 지어진 산티아고 성당은 현지 채석장에서 채취한 돌로 세워졌다. 가까이 다가가 보면 다양한 갈색 톤의 물푸레 나무 문양의 해양 화석들을 볼 수 있다. 침식에 매우 강한 이 석재는 특히 해안 지역에 적합하지만, 예산 부족으

by Rebelguys2, commons.wikimedia.org

로 본당의 윗부분은 주로 값싼 석회암으로 짓게 되고, 덕분에 바다의 염분과 습기로 인한 침식과 이로 인한 붕괴의 우려를 안게 되었다. 현재는 사고를 피하기 위해 일부 영역에 그물을 설치한 상태다. 흥미롭게도 이러한 예산 부족에도 불구하고 값비싼 황금 대리석 돔의 건설은 방해 받지 않았다.

바다 가까이 대성당을 둘러싸고 있는 까예혼 데 로스 피라타스(해적 골목)로 향한다. 이 골목의 이름은 1596년에 영국과 네덜란드 함대가 도시를 약탈하고 불태웠던 것을 기억하기 위해 붙여졌다. 정복자들은 13세기에 세워진 산타 크루즈 성당을 잔인하게 파괴해 버렸고 그 고딕 유적지에 현재의 매너리즘

양식의 성당이 단기간에 세워지게 된다. 후기 르네상스로도 불리는 매너리즘 건축에는 외벽이나 창문 장식 등에 정교한 조각 장식 같은 화려함이 더해졌다.

파도가 부딪히는 해변도로 파세오 델 벤다발에서는 바다의 포효를 듣는다. 파도의 공격에 대항해 세운 강력한 댐이 여러 번 부서지고 재건되기를 반복했다고 한다. 카디즈 사람들은 영감을 얻기에 이보다 더 좋은 곳은 없다고 말한다. 머리가 차가워져 생각이 명료해지는 곳이기 때문이란다.

대성당 광장에서 까예 꼼빠니아를 지나면 플로레스 광장(꽃들의 광장)으로 이어진다. 다양한 상점들이 들어서 있는 매력적인 광장으로 데이트를 즐기는 현지인들과 쇼핑족들, 관광객들이 뒤섞여 활기가 넘친다. 삼각형 모양의 멋진 건물은 세비야의 스페인 광장에 있는 현대 역사주의 작품과 같은 결의 우체국 건물이다. 이 광장 한가운데에는 콜루멜라 조각상이 세워져 있다. 콜루멜라는 카디스 출신의 인물로 고대 로마 농업 및 가축에 관한 최고의 논문을 쓴 사람으로 유명하다.

바로 옆 자유 광장에는 시립 전통시장이 있다. 신고전주의 건축물로 1838년 지어진 중앙 본당은 로마 사원을 모방한 도리아식 기둥들이 파티오를 둘러싸고 있다. 해양 도시인 만큼 다양한 종류의 신선한 생선과 해산물이 주를 이룬다. 이 시장의 또 다른 매력은 '바라띠요'라고 불리는 노천시장으로 매주 일요일에 서는 골동품 시장이다. 특별한 수집을 좋아한다면 관심 가져볼 만하다.

긴 산책을 마친 후 광장 한 켠의 테라스에 앉아 우선 맥주부터 주문했다. 병아리콩가루 반죽에 새우를 넣어 얇게 튀긴 또르띠야, 토마토소스를 곁들인 사슴고기, 마늘 향을 낸 올리브오일에 새우를 살짝 익힌 감바스 알 아히요 등 지역 요리로 선별한 타파스를 곁들이며 휴식과 함께 다시 걸을 힘을 재충전한다. 아, 시에라 데 카디스의 치즈도 빼 놓을 수 없다.

카디스 속 페니키아

높은 위치에서 도시를 내려다보려고 시장에서 45m 떨어진 곳에 위치한, 구시가지에서 가장 높은 지점인 타비라 타워를 오르기로 했다. 입장 인원이 제한되어 있기 때문에 웹사이트(https://www.torretavira.com)에서 미리 예약을 해야 한다. 아름다운 바로크 건축으로 꼽히는 이 건축물은 항구와 전체 해안선이 내려다보이는 전망대로 18세기에 지어졌다. 오늘날에는 전망대 외에도 도시의 역사를 설명하는 여러 개의 전시장과 어두운 방 하나로 구성되어 있다. 어두운 방에 설치된 광학 메커니즘은 밖에서 일어나는 도시의 실시간 이미지를 내다 볼 수 있는 일종의 망원경이다.

by www.andalucia.org

이 타워의 가장 흥미로운 점은 테라스에서 내려다보는 카디스 전체의 전망이다. 수많은 성당들과 그 종탑들이 크고 작은 집들과 궁전 사이에서 불쑥

불쑥 솟아있고, 바다가 모든 방향에서 도시를 감싸고 있다. 이 도시에는 다양한 디자인의 망루들이 여럿 있는데 그중 가장 주요한 게 이 타비라이다. 현재 보존되어 있는 120여 개의 망루들은 배가 도착하는 것을 보기 위한 용도 외에 사회적 지위의 상징이기도 했다.

타비라 타워 바로 옆에는 기원전 1000년경 페니키아인이 세운 도시, 고대 이름으로 '가디르' 고고학 유적지가 있다. 유적지 입장은 무료지만 입구에서 가이드 투어를 예약해야 한다. 12분 분량의 영상 설명 후에 유리 바닥을 통해 그들 정착지의 흔적을 들여다보며 페니키아인들의 삶과 특성 등에 대한 설명을 들을 수 있다. 기원전 9세기의 거리와 집들의 윤곽이 잘 보존되어 있으며, 그 외에도 로마 시대의 흔적으로 소금에 절인 생선 공장 등의 유적이 남아있다.

페니키아인

페니키아인들은 지중해의 동쪽 끝에 있는 오늘날의 레바논에서 왔다. 공통된 언어와 문화를 가지고 그들은 띠로, 비블로스, 시돈 같은 독립 도시에서 조직되었다. 항해사와 상인들로 구성된 이들은 기원전 2천 년 말까지 북아프리카, 지중해 서부와 이베리아 반도 남쪽에 있는 큰 섬들을 점령하며 식민지화를 해 나갔다. 온순한 특성의 그들은 원주민들과의 거래를 통해 은이나 주석을 가져가는 대신 호화로운 동방의 물품을 제공했다. 그 영향으로 식민지 지역은 알파벳, 세라믹 휠 및 금속 추출을 위한 첨단 기술을 일찍이 배우게 되었다. 스페인에서는 특히 남부 안달루시아에서 페니키아의 영향을 크게 받았는데 그중에서도 가디르가 주요 식민지였다. 시간이 지남에 따라 페니키아의 문화, 종교 및 생활 방식에 동화된 이 지역의 원주민들은 '타르테소스(BC8 ~ 6세기)'라는 자체 문화를 형성했다. 하지만 페니키아 문명의 소멸과 함께 타르테소스 역시 기원전 6세기경에 갑자기 사라져 거의 알려지지 않았다. 그럼에도 불구하고 가디르는 페니키아인의 후신인 카르타고인의 거점으로 살아 남았으며, 오늘날 유럽에서 가장 오래된 도시 중 하나이다.

by Dominio Publico, commons.
wikimidia.org

카디스의 서쪽 끝에 있는 라 칼레따 해변에서 페니키아인의 흔적이 더 발견된다고 하여 오래된 도시 라 비냐를 가로질러 서쪽으로 향한다. 까예 사가스타에 들어서니 바로크 양식의 외관과 가느다란 타워가 있는 산 로렌소 성당이 눈에 띈다. 어부와 선원들이 거주하는 이 지역은 매년 2월에 열리는 카니발이 가장 활발한 곳이다. 브라질의 리오 데 자네이로와 마찬가지로 카디스는 카니발과 같은 경건하지 않은 광경이 잘 어울리는 항구 도시이자 혼혈 인종들이 특히 많이 거주하는 곳이다. 리오 데 자네이로에서는 수레와 댄스 그룹의 시각적인 광경이 주를 이루는 반면, 카디스에서는 아이러니와 유머가 가득한 가사가 주를 이루는 음악이 진정한 주인공이다. 매년 2월이면 악기를 동반한 150개 이상의 합창단이 거리로 나와 연주하고, 같은 시기 그란 떼아트로 파야(파야 대극장)에서 합창단들의 경연이 펼쳐지는데, 작년에 있었던 주요 사회 문제를 분석하여 각자 독창적인 방식으로 표현하며 함께 웃고 즐긴다.

by www.andalucia.org

카디스의 카니발은 카디스가 아닌 세계 어느 곳에도 존재할 수 없다. 그곳에는 카디스 사람이 없기 때문이다. 바다와 무역을 통한 외지인들과의 오랜 관계 덕분에 그들은 본질적으로 친절하지만, 자신들이 겪은 지속적인 좌절을 잊지 않는다. 외부로부터 오는 불확실성에 직면할 수밖에 없는 환경은 카디스 사람들을 그들 스스로를 포함한 모든 상황과 모든 사람에 대해 비판적이게 만들었다. 이 독특한 삶의 철학이 바로 이 카니발에서 폭발적으로 표현된다.

라 칼레따의 작고 아늑한 해변에 도착하니 코끝을 스치는 비릿한 바다 냄새와 파도 소리가 즐겁다. 말굽 형태의 만은 고대 페니키아와 로마 시대의 항구였다. 그 중심에는 100년 전 전성기를 지낸 오래된 온천이 있었는데 현재는 해양 고고학 연구소가 들어서 있다. 모퉁이에는 긴 세월 동안 수많은 전투를 목격했을 두 개의 방어 요새가 있다. 북쪽에 있는 별 모양의 요새는 1596년 영국과 네덜란드의 침략에 대항해 지어졌는데 그곳에서 페니키아 사원의 유적이 발견되었다. 후에 좀 더 현대적인 남부 요새가 추가로 건설되었는데 썰물 때 물이 빠지면 그 성까지 걸어가 멋진 일몰과 함께 노을빛에 물든 도시를 감상할 수 있다.

라 칼레따 구역에는 전 세계에서 온 다양한 종의 식물이 서식하는 18세기 정원 헤노베스 공원이 있다. 대학가에 가까운 곳에 위치한 이 공원에는 군데군데 일광욕을 즐기며 공부하는 학생들이 보이는데 마냥 자유롭고 행복해 보인다. 공원에는 동굴과 아름다운 폭포가 있고 정상에 오르면 해안선의 멋진 전망이 내려다보인다.

다시 도시의 중심부로 돌아와 바로크 양식의 외관과 냉정한 신고전주의 종탑의 성당이 자리하고 있는 산 안토니오 광장으로 이동한다. 이 광장의 15번

라 칼레따 해변 by Turismo Ayuntamiento de Cadiz

지에 1890년에 세워진 카지노 가디타노가
있다. 네오 무데하르 양식의 파티오가 있어
그라나다의 알함브라와 세비야의 레알 알
카사르를 연상하게 한다. 인접해 있는 미나
광장에는 카디스 박물관이 있다. 아래층은
고고학 박물관으로 두 개의 페니키아 석관
이 있는데 이집트 유물과 매우 비슷해 인상
적이다. 위층은 쑤르바란, 무리요, 루벤스
등의 그림이 있는 미술관이다. 3천 년 역사
의 매혹적인 도시 카디스를 이해하는데 도
움이 된다.

까예 안토니오 로페즈를 거쳐 우리 산
책의 마지막 지점인 스페인 광장으로 향한

by Angel M. Felicismo, commons.
wikimedia.org

다. 스페인 광장에는 1812년 제정된 스페인 헌법에 헌정된 대형 기념비가 있다. 1808년 프랑스가 유럽 점령에 나서면서 나폴레옹은 스페인을 침공하기에 이른다. 이에 스페인 군은 무기를 들었고 그중에서도 가장 강력하게 저항한 카디스가 당시 애국 열사들의 중심 도시가 되었다. 1810년부터 1812년까지 끊임없이 프랑스의 폭탄이 떨어지는 가운데 작성된 최초의 스페인 헌법 초안은 현대 스페인의 정치 역사에 막대한 영향을 미쳤다. 몇 년 후 스페인에서 독립한 스페인계 아메리카 국가들에서도 이 선구적인 마그나카르타를 헌법의 기초로 사용했다.

카디스 근교

산 루카르

카디스의 서쪽에 있는 산 루카르 데 바라메다로 향하는 길, 포도밭이 끝없이 펼쳐지는 시골을 지나게 된다. 와인은 이 지방의 특산물이다. 안달루시아 전역을 여행한 과달키비르강은 이곳 산 루카르에서 바다에 합류하며 그 생을 마감한다. 강은 바다에 도달하기에 앞서, 유네스코가 지정한 생물권 보호구역이었다가 지금은 세계문화유산으로 지정된 '도냐나 습지공원'을 지나며 마지막 임무를 수행한다.

by www.andalucia.org

도시에 도착하여 칼사다 해변 주차장에 차를 세우고 우리의 목적지 구도심으로 향한다. 윗동네 구도심으로 가는 길은 아랫동네의 활기 넘치는 까빌도 광장과 산 로케 광장도 지난다.

까예 브레또네스를 들어서면 벨렌 언덕으로 연결된다. 먼저 18세기부터 운영되어 온 커다란 성 같은 시장 건물이 보이고, 그 옆에는 코바차스라는 인상적인 건축물이 서 있다. 코바차스는 15세기 고딕 양식으로, 10개의 아치 위에 신화 속의 뱀들이 기이한 형태로 조각되어 있고, 그 위로는 정원이 조성되어 있다.

조금 더 올라가면 17세기 초에 매너리즘 양식의 성당으로 건축된 라 멜세드가 있는데 오늘날 웅장한 음악당으로 이용되고 있다. 계속해서 좀 더 오르면 산타 마리아 데 라 오 성당이 등장한다. 14세기의 건축물로 타일 장식의 종탑과 웅장한 무데하르 고딕 양식의 외관이 눈길을 끈다. 뾰족한 아치 위에 장식이 화려하고 처마와 함께 셉카 장식으로 마무리되어 있다. 이 성당은 1297년부터 1645년까지, 왕에 버금갈 정도의 힘으로 산 루카르를 지배했던 메디나 시도니아 공작의 르네상스 궁전과 연결되어 있다. 성당과 본인의 궁전을 오

코바차스 by Ayuntamiento de Sanlucar de Barrameda

갈 수 있도록 개인 통로를 만들어 놓은 것이다. 1641년 펠리페 4세에 대항해 일으킨 반란이 실패로 돌아간 후 공작은 산 루카르의 지배권과 함께 그 권력도 잃게 된다. 오늘날 그 궁전 듀칼 팰리스는 고급 호텔로 남아 있다. 호텔의 정원에 들어서면 도시의 멋진 전망을 내려다 볼 수 있으며 그 성벽의 일부는 바다와 이어지는 강 입구를 보호하는 거대한 이슬람 요새의 일부였다.

산타 마리아 데 라 오 성당
by Ayuntamiento de Sanlucar de Barrameda

꾸에스타 데 벨렌(벨렌 언덕)에 또 다른 귀족의 궁전 오를레앙 몽펜시에르 궁전이 있다. 19세기 중반에 지어진 이 건축물은 오늘날 시의회의 회의장이다. 역사주의 양식으로 건축가는 이슬람 시대의 안달루시아 예술, 고딕 및 르네상스 요소, 심지어 동양 예술까지 결합했다. 요컨대, 19세기 중반에 만연한 낭만주의의 전형적인 건축학적 특징을 보여주는 건물이다.

아랫동네로 내려와 현지인들의 삶 속으로 들어가 보자. 누구나 부러워하는 기후를 가진 산 루카르 사람

by www.andalucia.org

들은 집 밖으로 나와 사회적 교류를 즐긴다. 보행자 거리이자 상업 생활의 중심지 까예 안차가 작지만 매우 아름다운 산 로케 광장과 또 다른 넓은 광장 카빌도를 나누고 있다. 양쪽 광장에는 테라스가 펼쳐져 있어 다양한 먹거리를 골라 즐기기에 딱 좋다. 특히 환경을 해치지 않는 전통적인 기술로 현지 모래 해변에서 잡은 유명한 산 루카르의 새우 요리에 로컬 와인을 곁들여 함께 즐기면 금상첨화다. 묵직한 화이트 와인 만사니야의 부드러운 향을 만끽하려면 아주 차갑게 마시는 게 좋으며, 일반 와인보다는 도수가 높은 점을 감안해 적당히 마시는 것이 좋다. 자연산 해산물이나 생선 요리와 잘 어울린다. 만사니야 와이너리를 포함한 가이드 투어도 있으니 와인을 좋아한다면 강추한다. 그 중 가장 오래되고 유명한 와이너리는 '바르바디요(Barbadillo)'로 1821년에 설립되었다.

산 루카르의 또 하나의 매력은 6km에 달하는 아름다운 해변이다. 1845년부터 시작된 백사장의 말 경주가 매년 8월 라스 필레타스 해변에서 열리는데 수천 명의 관객들이 모여들어 축제를 즐긴다.

과달키비르강의 단물이 바닷물로 녹아 들어가는 바호 데 기아 해변으로 이어지는 곳에는 페니키아 인들이 세운 신전이 있다. 9세기에는 바이킹 함선이 세비야와 코르도바를 공격하는 길목으로 이 지점을 통과했고, 1492년 신대륙 발견 이후 18세기까지 이 항구는 당시 국제 수도였던 세비야로 향하는 길목이기도 했다. 역사의 질곡에서 중요한 순간마다 바호 데 기아는 안달루시아에서 특별한 위치를 차지했었는데, 강과 습지 도냐나가 밀접하게 연결된 경이로운 자연환경이 만들어 낸 풍부한 어장이 형성되어 있어 항상 사람이 모여 살던 어촌이었기 때문이다.

도냐나 습지

안달루시아는 다채로운 기후와 지형에 따라 150개 이상의 보호 구역이 있는, 유럽에서 가장 폭 넓은 생물 다양성을 가진 지역이다. 안달루시아에는 유럽에서 유일한 사막지대가 있고, 습한 숲지대와 넓은 목초지대, 올리브 숲 사이로 형성된 호수, 염전 또는 도냐나와 같은 습지대 등이 다양하게 구성되어 있다. 또 스페인의 다른 어느 지역보다 더 많은 고유종이 있다. 그중 하나가 도냐나가 주요 서식지인, 멸종 위기에 처한 이베리아 스라소니이다.

도냐나는 유럽 대륙 내에서도 측량할 수 없는 무한한 가치를 지닌 곳이지만 도시 건설에 따라 거의 사라질 운명에 처해있었는데, 1969년 다행히도 보호구역으로 지정되었다. 이 풍요로운 생태 구역에는 유럽과 아프리카를 오가는 수많은 새들이 서식하고 있으며, 검은 거북 같은 수생 파충류도 있다. 습지 주변에는 모래 토양에 넓은 지중해 숲이 형성되어 있고 앞서 언급한 이베리아 스라소니 또는 황제독수리 같은 다양한 희귀종과 더불어 사슴을 포함한

기타 포유류, 파충류와 양서류 등이 살고 있다. 이 습지공원이 바다에 닿는 지점에는 아름다운 사구가 형성되어 있다. 얼마 전까지만 해도 사냥과 낚시, 숯을 만들기 위한 벌목 등이 흔하게 행해졌으나 현재는 강력한 수준의 보호가 이루어지고 있다. 소나무 숲 사이에 오두막집 등이 보이는데 지금은 사람이 살지 않는 마을로 보전되어 있어 과거의 전통적인 생활방식을 엿볼 수 있다.

　이 공원의 이름은 이 자연 공간을 사랑했던 16세기의 메디나 시도니아의 공작부인, 도냐 아나의 이름을 딴 것이다.

도냐나 습지공원을 방문하면 가이드 투어를 통해서만 공원의 일부 지역에 한해서 돌아 볼 수 있는데, 보트를 이용하게 된다. 이어 내부를 더 돌아 볼 수 있는 오프로드 투어 옵션도 선택할 수 있다. 정보 및 예약은 전화나 이메일을 이용하면 된다.

info@visitasdonana.com

헤레스 데 라 프론테라, 와인과 플라멩코의 도시

쉐리주로 유명한 와인의 샘 헤레스로 가는 길, 끝없이 펼쳐진 하얀 흙의 포도밭이 이어진다. 와인 산업은 경제적 번영뿐 아니라 헤레스를 이 지역에서 가장 인구가 많은, 20만이 넘는 도시로 만들었다. 헤레스는 또한 접근성이 좋아 말라가와 세비야에 이어 안달루시아에서 세 번째로 큰 공항을 가지고 있다. 명망 있는 국제 스피드 서킷 대회가 개최되며 두 개의 세계적인 골프장이 있어 애호가들의 사랑을 받고 있고, 그중 하나는 골프 거장 잭 니클라우스가 설계했다.

우리는 이슬람 요새 옆에 위치한 알라메다 비에하 주차장에 차를 대고 산책에 나섰다. 알모아드 성벽 뒤에는 여전히 모스크와 아랍 목욕탕이 비교적 잘 보존되어 있다. 1264년 카톨릭 세력이 이 도시를 정복했지만, 이전 세력이 남긴 유적에 대한 존중의 의미로 남겨두었을 것이다. 가까이에 산 미겔 광장이 있고 그 광장에 같은 이름의 산 미겔 성당이 있다. 섬세한 조각으로 수놓은 바로크 양식의 외관에 연결된 종탑은 하늘에 닿을 듯 하다. 측면에 있는 고딕 양식의 작은 문 두 개는 이 성당이 15세기 말에 세워졌음을 말하고 있다.

산 미겔 광장 주변은 플라멩코 구역이다. 안달루시아의 다른 지역에서 이의를 제기 할 수도 있겠지만, 헤레스 사람들은 자기들의 도시를 플라멩코 예술의 요람이라고 생각한다. 어쨌든 헤레스에서는 특히 매년 크리스마스 기간이 되면 이 집 저 집 파티오로 이웃들과 여행객이 모여들어 함께 플라멩코를 즐기는 풍경을 연출하며 여전히 그 불씨를 이어가고 있다. 다양한 먹거리와 포도주가 차려진 테이블을 한쪽에 배치하고 밤새 플라멩코와 전통 스페인 캐롤을 부르며 먹고 마시는 잔치가 새벽까지 이어지는 것이 일반적이다. 어른 아이 구분 없이 함께 같은 춤을 추고 같은 노래를 부르며 즐기는 모습에 갑자기 울컥하는 내가 당황스럽다. 이때 옆의 마냥 해맑은 남편은 그냥 스페인 사람이다.

까예 산 미겔은 도시의 중심 아레날 광장으로 연결된다. 너무 변형되어 과거의 모습은 거의 사라졌지만 가로등 기둥 중 하나에는 150년 이상 된 오래된 시계가 걸려 있다. 조금 더 올라가면 도시의 상업 중심지 까예 란세리아와 까예 라르가 거리가 만나는 광장에 또 다른 시계탑이 있다. 세비야의 스페인 광장으로 상징되는 현대식 건물 가요 아쑬 앞에 있는데, 그 위에는 화려한 네온사인 광고판이 눈길을 끈다. 가요 아쑬

은 도멕 일가 소유의 와인과 브랜디 메이커이다. 이 도시의 대부분 바의 문 앞에 배치되어 있는 와인 통에는 잘 알려진 다양한 헤레스 와인, 즉 쉐리주 라벨들이 표시되어 있다. 이 모든 브랜드들이 와인 시음이 포함된 와이너리 가이드 투어 상품을 운영하고 있다. 19세기 헤레스의 황금기에 도멕 같은 사업가들은 와인에 대한 국제적인 명성을 얻었으며 그 브랜드들은 명품으로 간주되고 있다.

까예 라르가의 끝에는 산토 도밍고 수도원이 있다. 중앙 안뜰에 있는 15세기의 회랑은 안달루시아 고딕 양식의 걸작 중 하나로 꼽는다. 뾰족한 석조의 아름다운 아치를 두꺼운 부벽 사이의 가느다란 기둥들이 지지하고 있다.

산토 도밍고 옆에 있는 18세기 궁전은 도멕 일가의 것으로 가느다란 철기둥으로 된 물결 모양의 발코니와 붉은 대리석과 솔로몬 양식의 기둥으로 이루어진 아름다운 바로크 양식의 출입구를 볼 수 있다.

by Jerezplataforma, commons.wikimedia.org

까예 토르네리아를 지나 수녀원, 이슬람 성벽의 잔재 및 궁전 유적지들이 산재되어 있는 산 마르코스 지역으로 넘어 간다. 전형적인 주택들은 한 여름 더위가 맹위를 떨치는 낮 시간에는 창문을 꽁꽁 닫은 상태로 유지하다가 밤이 되면 열어 환기를 한다. 창문 바깥쪽에는 철창이 설치되어 있는 것이 일반적인데, 엄혹했던 시절 연인들이 아래층의 철창을 사이에 두고 애절한 사랑을 속삭였

다고 한다. 간혹 어떤 집은 측면에 오목한 구멍이 나 있는 것을 볼 수 있는데 철창 사이로 나누던 불편한 입맞춤을 넘어 손을 마주 잡는 용도로 사용했다 하니, 지금의 개방된 젊은이들의 성문화를 생각하면 격세지감이다.

과거 이슬람 시절 안달루시 헤레스의 심장부였던 플라테로스 광장에 이르니, 그 주변을 둘러싼 복잡한 도시 속에서도 이슬람의 윤곽이 뚜렷하게 남아 있다. 아랍어로 된 시계탑이 보이는데 실제로는 무데하르 양식이다. 이 광장에는 도시에서 가장 오래된 선술집들이 자리잡고 있는데 이 지역에서는 '타방코'라고 부른다. 나무 향과 약간의 톡 쏘는 맛으로 항상 차갑게 제공되는 쉐리주를 맛볼 시간이다. 종류가 너무 많아 웨이터에게 최고의 하우스 와인을 주문하는 것이 가장 좋다. 알코올 함량이 높기 때문에(15 ~ 17도 사이) 타파스를 곁들여야 한다. 리뇨네스 알 헤레스(쉐리주에 절인 콩팥)는 로컬 와인 쉐리주와 토마토소스를 넣어 콩팥을 조린 것으로 얇게 썬 빵에 얹어 낸다. 또한

by Turismo de Cordoba

쉐리주와 함께 올리브오일, 마늘, 파슬리, 레몬과 후추로 볶은 참치 요리도 좋고, 아티초크 조림 등 채식주의자를 위한 요리도 갖추고 있다.

다음은 헤레스에서 볼만한 건축물이 가장 많이 모여있는 아순시온으로 향한다. 그중 아름다운 정문을 가진 무데하르 고딕 양식의 산 디오니시오 성당은 예전에는 르네상스 양식으로 지어진 구 시청사 건물이었다. 성당과 함께 종교 재판 때 감옥 역할을 한 신고전주의 궁전이 조화롭게 공존하고 있다. 기둥에 있는 작은 성모상이 인간과 신의 밀담 사이에서 그 친교를 축복하거나 갈등을 슬퍼하거나 그 어디쯤에 서있다.

마지막으로 대성당이다. 오래된 계단을 오르면 광대한 아로요 광장이 열리고 대성당은 그 광장에 우뚝 서 있다. 우선 종탑이 성당 건물의 몸체와 분리되어 있는 점이 특이하다. 14세기 사원의 일부로 아래쪽 창문에 무데하르 고딕 양식의 요소가 남아 있으며, 건물의 구조에는 고딕 양식의 틀이 그대로 남아 있다. 200년 후 그 위에 대표적인 바로크 양식의 대성당 중 하나를 세운 것이다. 1695년에 건축이 시작돼 약 1세기 후에 완성되었으며, 신고전주의적 요소를 일부 포함하고 있다.

　　정면 외벽 위쪽에는 세 개의 화려한 장미창과 세 개의 문이 배치되어 있다. 다섯 칸의 본당은 중앙이 가장 높고 측면으로 갈수록 계단식으로 낮아진다. 40m 높이에 얹혀진 주황색 벽돌로 된 돔은 고딕 양식의 부벽으로 지지되어 있으며, 성자와 천사들의 조각상들로 둘러싸여 있다. 대성당은 독립된 종탑과 아울러 전체적으로 건물의 완벽한 아름다움을 보여준다. 이처럼 거대한

by www.andalucia.org

건축물의 주변을 꼼꼼히 돌아보며 시대에 따른 과거의 흔적을 구석구석을 찾아보는 일은 매우 흥미롭다.

헤레스의 전반적인 윤곽과 주요 포인트를 훑어 보려면 마차를 타는 것도 좋은 선택이다. 대성당과 이슬람 요새 주변에서 마차 투어 흥정을 하는 모습도 쉽게 볼 수 있으니, 19세기의 교통수단인 마차에 올라 시간여행을 해 보는 것도 근사한 경험이다.

카디스 산간지역의 작은 마을, 아르코스 데 라 프론테라

헤레스 데 라 프론테라에서 30분을 가면 아르코스 데 라 프론테라이다. 두 도시는 '라 프론테라'라는 같은 성을 가졌다고 할 수 있다. 13세기에서 15세기까지 이 두 도시는 카스티야 왕국에 속해 있었고 그라나다 이슬람 왕국과의 경계선상에 있었으며 두 왕국 사이 대결의 현장이었다. 농지와 카디스 산맥이 연결된 지점에 위치한 아르코스는 자연 절벽에 매달려 있고 과달레테 강이 해자 역할을 해 점령하기 어려운 위치에 자리하고 있다. 바위 지형과 귀중한 유산으로 어우러진 하얀 마을의 아름다운 이미지는 여행자를 매료시킨다.

by www.andalucia.org

오래된 도시에 도착하면 항상 주차장을 찾는 것이 일이다. 아베니다 두케 데 아르코스 31번지에 무료 주차장이 있고 좀 더 구도심 가까이에 있는 빠세오 주차장은 유로이다. 어느 쪽이든 헤레스 문이 있는 꾸에스타 데 벨렌(벨렌 언덕)까지는 제법 걸어야 한다. 에너지를 미리 장전해 두는 것이 좋다.

벨렌 언덕에서 무데하르 고딕 양식의 궁전 콘데 델 아길라를 지나게 된다. 정면에서 보는 창문이 매우 독특하고 아름답다. 화려한 꽃 장식이 있고 창의 양 옆에는 굵은 기둥으로 장식했으며 창의 중앙에는 가느다란 기둥을 세워 창을 분할하고 있다. 몇 걸음 떨어진 까예 데안 에스피노사에 접어들면 아르코스의 대성당 격인 산타 마리아 데 라 아순시온 성당이 나타나는데 문의 장식이 환상적이다. 1520년에 완성된 이 건물은 후기 고딕 양식으로 마무리 되었지만 시작은 르네상스 양식으로 거슬러 올라간다. 측면의 후기 고딕 양식의 출입구

산타 마리아 데 라 아순시온 성당 by www.andalucia.org

는 문의 양쪽에 굵은 원통형 기둥을 세워 장식했는데 그 기둥을 얇은 고딕 양식의 첨탑으로 둘러싸 견고함 위에 화려함과 날렵함을 입혔다.

이 문 앞의 길바닥에서 특이한 걸 발견할 수 있다. 원형 장식인데 붉은색과 흰색의 대리석이 교차되어 만들어진 원형의 고리가 중앙의 십자가를 이루는 파란색과 흰색의 장식을 둘러싸고 있다. 이 원형 장식은 성당을 세우기 위해 철거한 모스

by Vanesa Iglesias

크에서 나온 것인데 초월적인 이슬람 철학 또는 수피즘과 관련이 있다.

이 성당을 둘러싸고 있는 카빌도 광장에서 18세기 탑이 우뚝 솟은 대성당의 또 다른 정면을 볼 수 있다. 이 탑은 1755년에 있었던 거대한 지진으로 파괴된 이전의 고딕 양식 탑을 대체해 세워졌다. 지진은 모로코에서 이탈리아 북부까지 이베리아 반도와 프랑스를 통과하는 거대한 지역에 영향을 미쳤다. 포르투갈과 스페인에서 수백 체의 건축물들이 심각한 영향을 받았으며 최소 2만 명의 희생자가 발생했는데, 그중 대부분은 수도 리스본이 거의 파괴된 포르투갈에서 발생했다.

이 성당의 왼쪽에 오래된 성이 남아 있는데 지금은 개인 소유의 집단 주택으로 사용되고 있어 방문할 수는 없다. 이 건축물은 아르코스가 독립 왕국이었던 11세기에 세워진 아랍 요새 위에 지어졌다. 전설에 따르면 무어인들은 성 아래 깊은 동굴에 용을 가두어 카톨릭 세력으로부터 도시를 보호했다고 한다. 잠든 용이 깨어나면 지축이 흔들릴 것이라고 믿었는데, 그래서 아르코 사람들은 1755년 지진 때 그 용이 동굴에서 깨어나 날아 갔을 거라 생각했다고 한다.

오른쪽에는 아르코스 파라도르가 있고 그 뒤로는 까마득한 절벽이 있어 멋진 전망을 자랑한다. 100m 깊이의 협곡 기슭에 있는 과달레테강은 마을을 부드럽게 감싸고 흐르며 드넓은 초목을 기르고 있다. 711년 이 근방에서는 이미 힘을 잃어가고 있던 서고트족 왕국에 아프리카에서 온 이슬람 침략자들이 치명적인 타격을 가한 결정적인 전투가 벌어졌다. 그것이 유럽에서 수세기 동안 번창하게 되는 이슬람 문화 '알 안달루스'의 시작이었다.

산 페드로 성당 쪽으로 가면 아르코스의 또 다른 풍경을 감상할 수 있다. 광장에서 까예 에스크리바노스를 따라 가면 전망대가 나타난다. 하얀 벽 사이로 좁은 골목골목을 헤매다 보면 한 건물의 모서리에 기둥이 붙어있는 것을 볼 수 있는데 그냥 미학적인 요소는 아니고 마차로부터 좁은 골목길에 위치한 건물의 모서리를 보호하는 역할을 했다고 한다.

작은 광장에 자리 잡은 산 페드로 성당은 종탑의 중앙에 성자 베드로의 조각상이 있어 눈에 띈다. 이 조각이 산 페드로 성당의 유일한 바로크 양식으로 나머지는 모두 고딕 양식이다. 이 성당은 대성당과 비슷한 양식으로 수세기 동안 그 아름다움을 경쟁하며 아르코스 사람들의 사랑을 받았는데, 이들은 자신의 도시를 소개할 때 항상 이 두 개의 성당을 소개하며 자랑스러워한다.

by Vanesa Iglesias   by www.andalucia.org

까예 아바데스를 따라 옛 유대인 지
구를 지나면 아바데스 전망대로 이어
지고, 일명 '키스의 아치'가 있다. 급격
한 경사면 아래로 광활하게 펼쳐지는
멋진 전망 앞에서 키스를 나누는 연인
들의 모습은 세상 아름답다. 과달레테
(레테강)가 흐르고 한 켠에 반짝이는
호수, 광활하게 펼쳐지는 녹지대가 마
냥 평화롭고, 아르코스가 앉아 있는
이 높은 언덕은 시에라 데 카디스(카
디스 산맥)로 연결되어 있다.

by Vanesa Iglesias

같은 방향으로 좀 더 내려가면 옛 성벽에서 유일하게 살아남은 성문 푸에
르타 마트레라가 있다. 좁은 골목에 양쪽 집들과 연결되어 있는 건축물로 아치
형태의 문 위에 18세기의 작은 암자가 성녀의 조각상을 품고 있다.

돌아오는 길에 산 페드로 성당 옆에 눈길을 잡는 건물 하나가 보였다. 후기 르네상스 외관의 궁전 팔라시오 델 마요라스고는 나사리 건축 예술을 연상시키는 아름다운 발코니를 머리에 얹고 있다. 내부에는 단순하지만 매력적인 파티오와 안달루시아 양식의 아름다운 정원이 있다. 시립 건물로 이벤트홀, 전시홀, 미술관 등으로 구성되어 있는데 지금은 유물이 된 오래된 인쇄기 하나가 전시되어 있어 눈길을 끈다.

by Vanesa Iglesias

가장 설레는 휴식시간이다. 천천히 걸어 다시 까빌도 광장으로 돌아왔다. 카페테리아, 바, 테라스가 예스러운 건축물들과 오랜 전설이 공존하는 광장의 테라스 한쪽에 자리 잡고 앉아 맥주부터 주문한다. 도시마다 마을마다 각자의 이야기와 다른 풍경, 그 감상을 나누는 수다와 함께 하는 휴식은 달콤하기만 하다. 19세기 낭만주의 여행자들이 열광했던 안달루시아의 다음 이야기는 말라가로 이어진다.

by ayuntamiento de Malaga

06 [말라가, 태양과 풍경 그리고 문화]

안달루시아 여행의 마지막 여정은 이 지역의 중남부에 위치한 말라가주이다. 세계적으로 유명한 '태양의 해변', 160km에 달하는 코스타 델 솔은 매년 전 유럽 국가들로부터 수백만 명의 휴양객을 끌어 들이고 있다. 말라가의 매력은 단지 태양과 아름다운 해변의 조합으로 설명하기에는 턱없이 부족하다. 말라가는 내부 산간지역의 '왕의 오솔길'이라 불리는 까미노 델 레이와 론다, 과거를 온전히 보존하고 있는 산간 마을의 순수하고 아름다운 풍경, 수많은 박물관 등, 여행자에게는 매우 매력적인 요소를 넉넉히 포함하고 있는 지역이다. 세비야에 이어 안달루시아에서 두 번째로 큰 도시로 인구 57만이 넘는다. 최초의 안달루시아 공항과 고속열차 등 훌륭한 인프라와 사람을 행복하게 만드는 지중해성 기후, 명랑하고 친절한 사람들 등은 여행자에게 매력적일 뿐 아니라 사람이 살기에 매우 이상적이다. 그래서 그런지 말라가는 유럽 각국에서 노년에 살기 좋은 곳으로 꼽히며 실제로 퇴임 후 이곳으로 이주해 살고 있는 노년층 인구가 제법 많은 곳이기도 하다. BC8, 페니키아인들이 만든 이 도시는 약 3천 년이 지난 지금 파블로 루이스 피카소(Pablo Ruiz Piccaso, 1881-1973)로 대표되는 현대 미술의 산실이기도 하다.

by andalusiansoul.es

도시 말라가

박물관 탐방

가장 말라가다운 알카사비야 광장에서 산책을 시작해 보자. 11세기의 이슬람 성채 알카사바 앞에는 1세기에 지어진 로마 극장이 있다. 둘은 천 년의 세월을 사이에 두고 지어졌지만 그 세월이 두 건축물을 결합시켰다. 고대 로마 도시인 말라카에서 추출한 재료로 아랍 성채가 지어졌기 때문이다.

로마 극장 앞에는 파리의 루브르 박물관을 연상시키는 작은 유리 피라미드가 있고 이를 통해 지하의 유적을 들여다 볼 수 있다. 오른쪽에는 견고한 신고전주의 건물에 미술관과 고고학 박물관이 있어 말라가의 오랜 역사 속으로 여행자를 안내한다. 또한 로마 극장의 왼쪽에는 무료로 이용할 수 있는 말라가 안내 센터가 있다.

말라가 안내 센터 by andalusiansoul.es

까예 산티아고를 통해 몇 걸음 나아가면 옛 무슬림 메디나 위에 세워진 산티아고 성당이 있다. 기독교 정복 직후인 1490년에 세워진 이 성당은 전통적인 알모아드의 셉카로 장식된 무데하르 양식의 종탑과 뾰족한 아치가 있는 고딕 양식 외관이 혼합되어 있다. 문의 명판에 새겨진 것처럼 피카소가 1881년에 침례를 받은 곳으로도 알려져 있다.

사실, 그의 출생지는 라 멜세드 광장 15번지로 여기서 가까운데, 이 광장의 벤치에는 연보라색 하카란다 꽃나무 아래 앉아있는 피카소 동상이 있어 수많은 관광객을 불러 모으고 있다. 동상 바로 뒤에는 피카소 재단에서 운영하는 피카소 생가 박물관이 있는데 수용 인원이 제한되어 있으므로 웹 사이트에서 티켓을 예약하는 것이 좋다.

https://fundacionpicasso.malaga.eu

피카소 박물관은 까예 산 아구스틴에 있다. 박물관이 있는 건물 부에나 비스타의 아름다운 르네상스 궁전 앞에 가면 입장을 기다리는 여행객들이 긴 줄을 이루고 있다. 이 박물관에는 약 120점의 회화와 조각품들이 연대순으로 전시되어 있는데 1층(우리나라로 치면 2층)에는 사진과 피카소의 생애를 설명한 패널로 그를 소개하고 있고, 이어서 사실적인 그의 초기 작품을 비롯해 그의 주 활동 무대였던 파리에서 제작된 큐비즘 작품들이 전시되어 있다. 아래층에는 1920~30년대에 제작된, 이른바 근대 고전주의와 초현실주의 작품이 전시되어 있다. 위층에는 1930년대부터 피카소가 사망하기 2년 전인 1971년까지의 작품이 전시되어 있다. 그의 초상화에서 보이는 다면적 얼굴은 추상화와 큐비즘으로 누구나 쉽게 알아볼 수 있을 만큼 독보적이며 항상 다양한 해석을 불러일으킨다. 또한 그의 조각품에서는 매우 다양한 재료가 사용된 것을 볼 수 있는데 거리에서 발견되는 쓰레기조차 그에게는 예술의 재료였다.

박물관의 도시

2003년 피카소 박물관의 개관은 말라가에 새로운 문화의 바람을 일으키게 된다. 당국은 현대미술을 재조명하여 시민들과 관광객에게 소개할 뿐 아니라 그 이후로 다른 여러 박물관들을 연이어 개관하기에 이른다. 그중 하나로 이미 국제적인 명성을 누리고 있는 '현대미술관'은 무료 입장이 가능하기 때문에 피카소 박물관 보다 더 많은 방문객이 찾는 곳이다. 놓쳐서는 안 될 또 다른 박물관은 19세기~20세기의 스페인과 안달루시아 회화를 테마로 전시를 하는 '카르멘 티센' 박물관으로 낭만주의 여행자들을 매료시킨 전형적인 안달루시아의 인물과 풍경이 주를 이룬다. 또 주목받는 러시아 미술관은 위대한 예술가를 배출한 국가 러시아의 수준 높은 작품들이 전시되어 있다.

한편 해변가 부두 앞에는 2015년에 개관한 말라가 퐁피두 센터가 있는데, 이미 유명한 파리 퐁피두 센터의 지점이다. 역시 해변에 자리 잡은 해양 박물관은 특히 어린이들에게 해양 생물 다양성의 보전과 그 필요성에 대한 환경 교육 목적으로 세워졌다. 유리와 크리스탈 박물관도 흥미로운데 화려하고 다채로운 크리스탈과 유리 작품들이 전시되어 있다.

그 외에도 인터렉티브 뮤직 박물관, 상상 박물관, 프린시피아 센터 등 세 개의 박물관은 첨단 과학 기술을 이용한 프로그램을 탑재하고 있어 게임이나 체험 활동이 가능하다. 또 러시아 박물관 가까이에 자동차 박물관이 있어 많은 자동차 애호가들의 사랑을 받고있다.

스페인에서 두 번째로 아름답다는 라 콘셉시온 식물원도 있다. 약 200년 전 미대륙이나 필리핀 등 식민지 국가들에서 배로 들여온 식물 등 다양한 식물군을 보유하고 있는데 구도심에서 북쪽으로 약 5km 떨어진 곳에 위치해 있어 천천히 산책삼아 다녀오기 좋다.

고정관념을 깨뜨리는 이 자유로운 영혼의 예술가가 가장 좋아하는 주제를 보면, 황소와 그리스 신화에서 나온 미노타우로스와의 관계, 원시예술과 무서운 가면, 상상 속의 짐승, 잔인한 전쟁의 무익함, 가족의 오아시스 또는 여성의 육욕 등등. 어쨌든 전무후무한 한 예술가의 약 70년간의 창작활동은 그의 죽음 이후에도 오랫동안 자신이 태어난 고향을 되살려 내고 유럽의 문화 수도 중 하나로 만들어 냈다.

대성당으로 가는 길에 사그라리오 성당을 먼저 만나게 된다. 이 성당은 대성당의 한쪽 귀퉁이를 차지하는데 정면의 파사드는 스페인 고딕 양식의 걸작이다. 이 성당은 옛 이슬람의 중앙 모스크의 미나렛 하단 위에 건설되었고 이어지는 중앙 본체 위에 대성당이 건설되었다.

사그라리오 성당 정면 파사드
by Jose Luis Felipo Cavana, commons.wikimedia.org

by Danielmlg86, commons.wikimedia.org

대성당은 일부 고딕 양식의 요소가 포함되어 있고 건물 윗부분은 바로크 양식이지만 기본적으로는 르네상스 양식이다. 정면 외관에는 붉은 대리석 기둥이 세 개의 문을 둘러싸고 있다. 대성당은 한눈에 보기에도 아직 미완성 상태임을 알 수 있다. 양쪽에 있어야 할 종탑이 하나만 세워져 있어 그 탑을 외팔이라는 뜻의 '라 망끼타(la Manquita)'라고 부르고, 안달루시아의 다른 어느 대성당보다 더 큰 본당을 가지고 있지만 지붕은 덮혀있지 않다. 현재 2027년까지는 원래 계획대로 마무리할 계획으로 공사가 진행 중이다. 건물을 짓기 시작한 지 5세기가 지나서야 완공 예정인 것이다. 성당 앞 광장에는 성공회 회당이 있는데 바로크 양식으로 빨간색과 노란색의 외관이 눈에 띈다.

다시 달콤한 휴식 시간이다. 안달루시아의 풍미를 찾아 로마 극장 근처의 작은 레스토랑을 찾아 테라스에 자리를 잡고 시원한 맥주와 타파스를 주문한다. 사실 가장 유명한 레스토랑은 오래된 선술집 '핌피(Pimpi)'인데 너무 관광객이 많아 오래 기다려야 하는 단점이 있다. 전형적인 안달루시아 스타일의 아름다운 파티오가 있고 말라가 출신의 영화배우 안토니오 반데라스를 비롯하여 전 세계의 유명인사들이 서명한 와인통이 전시되어 있어 많은 관광객들의 인기를 끄는 곳이다.

by andlausia.org

말라가식 요리로는 물, 올리브오일, 마늘과 함께 아몬드를 갈아 만든 차가운 수프 '아호 블랑코', 대구와 해산물 넣은 밥요리 '빠에야', 고구마 패티를 넣은 만두 '엠빠나디야 데 보니아또' 등이 있다. 그러나 뭐니뭐니 해도 해양도시이다 보니 신선한 모둠 생선튀김이 제일이다. 오징어, 새우, 절인 카손(상어과 생선), 말라가 앞바다 앞에서 잡은 앤쵸비 등의 튀김요리가 가장 말라가다운 요리라는 데에 이견은 없다. 말라가 요리의 또 다른 옵션은 정어리 직화구이로 비릿한 생선구이를 좋아한다면 해변에서 쉽게 즐길 수 있다. 음식에 따라 해산물 요리에는 말라가산 로컬 화이트 와인을, 그 외의 요리에는 론다산 로컬 레드와인을 추천한다.

by turgranada.es

바닷가 도시 산책

1891년에 건설된 현대적인 거리 까예 라리오스(Calle Larios)는 과거의 메디나를 양쪽으로 나누고 있으며 오늘날 상업 중심지이자 도시의 주요 산책로이다. 19세기 약 백 년간의 쇠퇴기를 거치며 미대륙 식민지 대부분을 잃은 스페인은 북유럽에 비해 훨씬 뒤처지는 가난한 나라로 전락하게 된다. 그 와중에 몇 안 되는 산업화의 중심지 중 하나가 바르셀로나였고, 두 번째로 발전한 도시가 말라가였다. 그러나 산업화는 현대화와 위생시설에 역점을 둔 개발로 인해 오래된 역사적 중심지를 희생시키고 말았다. 해양도시이자 산업도시로서 바다로 가는 대로의 건설이 불가피했고, 그렇게 탄생한 까예 라리오스는 현대적인 건물과 대리석 바닥으로 포장되었다. 어쨌든 오늘날 말라가의 중심부 전체는 이렇게 건설되었고, 이렇게 건설된 오늘날 말라가의 중심부는 뜨거운 여름 더위를 막는 데에 매우 효과적인 측면이 있다고 한다.

까예 라리오스는 크리스마스 시즌 동안 화려한 조명으로 장식된다. 그 점등식에는 도시 시민 전체가 참석하여 장관을 이루는데 추운 날씨에도 불구하고 그날은 너 나 할 것 없이 유명한 아이스크림 집 '까사 미라'에서 아이스크림을 먹는다.

끝 없는 축제, 놀 줄 아는 안달루시아 사람들

말라가 사람들은 쾌활하고 매우 진취적일 뿐 아니라 타고난 친근함과 우아함으로 자신을 표현할 줄 안다. 도시의 상징은 '라 비스나가'인데 재스민 꽃다발을 의미하며 축하나 환영의 의미로 '라 비스나가'를 주고받는 것이 말라가만의 오랜 풍습이다. 그들의 개방적인 성격과 코스타 델 솔을 찾는 많은 관광객을 접대해 온 오랜 경험은 그들을 훌륭한 호스트로 만들었다.

말라가의 가장 큰 축제로 8월의 페리아를 들 수 있는데 이 시기에는 관광객과 시민들이 한데 어울려 먹고 마시고 열정을 다 해 즐긴다. 좋은 기후와 해변 등 최고의 분위기를 자랑하는 말라가 뿐 아니라 안달루시아 전역에서 늘 파티가 열린다. 파티 준비에 시간이 거의 걸리지 않고, 바 카운터와 기타만 있으면 공원이나 광장 또는 해변에서 크고 작은 파티가 뚝딱 준비된다. 또한 대도시를 비롯해 아주 작은 마을 단위까지 음악과 춤, 스포츠, 문화 활동 및 불꽃놀이로 이어지는 공식 축제일이 공휴일로 정해져 있다. 어느 정도의 규모를 가진 도시들에서는 '페리아'라는 공식 명칭의 축제가 있어 새벽까지 마시고, 노래하고, 춤을 추며 모두가 함께 즐긴다. 다음 날은 숙취를 안고 일하러 가면서 머지않아 또 다른 축제가 있음을 위안 삼아 그 고통을 견뎌낸다. 외국인들은 축제에서 보여주는 이 사람들의 지구력과 열정에 놀라움을 금할 수 없다. 사실은 함정이 있다. 안달루시아 사람들이 흥이 많아 열정적으로 즐기기는 하나 폭음하지 않는 방법을 안다. 음악에 몸을 맡기고 끊임없이 이야기를 나누며 가끔씩 홀짝이며 그렇게 밤새 논다.

사실 이들 축제의 본질은 종교 행사이다. 세월이 흐르며 본질은 사라지고 다소 방탕한 형태로 흐르긴 했지만 성모 마리아를 기리는 축제이다. 각각의 생활에 흩어져 있던 수많은 사람들이 1년에 한 번 여러 날에 거쳐 정해진 한곳으로 향해 가는 순례 행사이며, 약속된 날에 마침내 모두가 한곳에 도착해 성모 마리아를 기리고 서로의 노고를 위로하는 축제이다. 지금까지 이어지고 있는 축제 중 가장 유명한 곳은 '로시오'로, 도냐나 공원 가까이 있는 곳인데 매년 약 백만 명의 사람들이 모여든다. 참가자들은 안달루시아의 전통 의상을 입는데 여자들은 머리에 꽃을 장식하고 프릴 장식으로 가득한 화려한 드레스를 입고 술 달린 숄을 두르며, 남자들은 짧은 재킷과 라이딩 부츠, 그리고 챙이 둥근 모자로 단장한다.

by www.andalucia.org

까예 라리오스는 19세기 말에서 20세기 초반까지 수행된 거대한 도시 계획의 일부였다. 주요 목표는 시청사(1917년)와 같은 신식 건물을 비롯해 현재 자리 잡고 있는 정원의 조성을 위해 바다로 연결되는 넓은 땅을 확보하는 것

by ayuntamiento de malaga

이었다. 그때까지 해안으로 가는 유일한 길은 바다와 연결되어 있는 알카사바를 통해 지금은 사라지고 없는 문을 이용하는 것이었다. 아름다운 공원과 이어지는 현대적이지만 매력적인 항구는 20세기 말에서 21세기 초까지 진행된 두 번째 도시계획 하에 혁신적이고 기능적인 디자인으로 건설되었다. 수많은 상점, 레스토랑과 여행자를 위한 휴식공간, 쭉쭉 뻗은 야자수 숲 등이 있고 앞서 언급한 퐁피두 센터와 같은 현대적인 건축물들이 공존한다. 이 새로운 공간 위에 200년이 넘은 오래된 등대 하나가 있는데 20세기 말에 돌 하나하나를 이동해 현재 위치로 옮겨놓았다.

해안선을 따라 항구 너머에는 말라게타 해변이 펼쳐져 있다. 그 뒤에는 투우장이 있고 위로는 알카사바와 이어지는 난공불락의 히브랄파로 성벽이 서 있다. 가파른 길을 천천히 오르며 히브랄파로로 향하는 길에 카톨릭 세력이 이 도시를 차지하기까지 6개월이 걸렸다는 이야기가 떠오른다. 이사벨 여왕은 전투에서 거의 죽을 뻔 했을 만큼 위험에 처했었다고 한다. 이에 화가 단단히 난 여왕은 이 땅을 정복한 후 수많은 저항군을 처형하고 수많은 시민들을 노예로 만들라고 명령했고, 끝끝내 말라가를 좋아하지 않았다고 한다.

말라가의 알카사바는 밖에서 언뜻 보기에 알함브라를 닮은 것 같은데 말라가가 나사리 왕국에 속해 있었으므로 당연한 일이다. 그러나 알함브라 건설이 시작된 13세기보다 훨씬 앞선 11세기에 세워졌으며, 무엇보다 훨씬 더 복잡한 구조로 되어있다. 3개의 벽으로 둘러싸인 넓은 성터는 새로운 항구의 건설로 인해 가장 바깥 쪽 벽이 사라졌지만 약 100년 전까지만 해도 4개의 벽이 있었다. 4개의 벽 때문에 카톨릭 세력이 이곳을 차지하기가 그렇게 어려웠던 것이다. 올라오는 길에 로마 극장과 함께 내려다보이는 도시의 전망이 매력적이다.

매표구를 지나 요새를 둘러싸고 있는 3개의 벽으로 둘러싸인 울타리 중 첫

히브랄파로 성벽

번째를 지나게 되는데, 이 첫 번째 벽은 여러 개의 출입문을 통과해야만 들어
갈 수 있다. 침입자들이 들어오면 문을 닫고 집중 공격을 퍼부어 박멸하기 위
한 일종의 덫이었다. 이 벽에 있는 문들에서 로마 극장의 기둥을 볼 수 있는데
기존의 로마 극장의 일부가 성벽 건설의 기초가 되었음을 알 수 있다.

'토레 데 크리스토(그리스도의 탑)'에는 알함브라의 정의의 문에 새겨진
것과 같은 열쇠 문양이 새겨진 문이 있다. 이 문을 통해 들어가면 두 번째 성
벽 안으로 이어지는데, 요새의 수비대가 거주했던 구간이다. 왼쪽으로는 바다

가 내려다보이는 아름다운 안달루시 정원 '파티오 데 아르마'로 이어진다. 가는 길에 눈에 띄는 철창으로 덮인 구덩이는 긴 전쟁에 대비하여 곡물 같은 필수 식재료 등을 저장했던 지하 창고다. 원형의 투우장을 비롯한 도시 풍경 너머 망망대해 위의 크고 작은 선박들, 아련한 수평선 등 파노라마로 펼쳐지는 전경을 넋 놓고 바라보게 된다. 이어지는 계단을 따라 가면 '그라나다의 방'이라는 이름의 문에 이르게 되는데, 이 문을 지나 마지막 세 번째 벽 안으로 들어간다. 이 벽은 통치자와 그의 가족, 하인들이 거주하는 궁전 지역을 보호하는 최후의 방어벽이다.

계단식 정원을 지나면 11세기부터 세워진 타이파 궁전이다. 여러 왕국으로 분열된 알 안달루스가 지속적으로 내전을 겪으며 대부분 파괴되어 당시의 유적이 거의 남아 있지 않다는 점에서, 역설적으로 이 건축물의 가치가 높게 평가된다. 북쪽의 사라고사에 남아 있는 몇몇 유적과 함께 안달루시아에서는 유일하게 보전되어 있는 11세기 궁전이다. 여기서 북쪽으로는 대성당을 품고 있는 도시 풍경이, 남쪽으로는 말라가 해변이 내려다보인다.

궁전에서 가장 주목되는 것은 여전히 잘 보존되어있는 전실이다. 삼중 아치가 보이는데, 중앙의 큰 아치는 부채꼴 모양, 양 옆은 말발굽 모양의 작은 아

타이파 궁전의 전실 by andalusiansoul.es

치이다. 삼중 아치를 지나면 코르도바 모스크에서 본 것과 비슷한 형태의 또 다른 삼중 아치가 있다. 11세기 안달루시아 왕들이 기술과 재료의 열악함에도 화려하면서도 기품있는 칼리파 양식을 모방하고자 했음을 알 수 있다. 이 귀중한 유적이 오랫동안 방치된 사이, 약 200년에 걸쳐 그 위에 판자촌이 형성된다. 덕분에 유적이 살아 남았다고 하니, 이 판자집들은 역설적이게도 유적을 파괴하기 보다는 보존하는 역할을 한 셈이다. 역사의 아이러니다.

궁전 안에 모스크 역할을 하던 탑을 지나 알카사바의 모형이 전시되어 있는 방이 있어 들어가 보았다. 가장 눈에 띄는 것은 천장의 중앙을 차지하고 있는 파인애플 모양으로 섬세하게 조각된 모카라베 양식 목재 장식이다. 이 방은 궁전으로 이어진다. 14세기에 지어졌고 알함브라의 나사리 궁전과 매우 닮아있다는 이유로 후에 같은 이름이 붙었지만 실제로는 전적으로 원본을 따라 재건한 것이다. 두 개의 파티오로 구성되어 있는데, 첫 번째 '파티오 데 로

by ayuntamiento de malaga

스 나랑하'는 오렌지 정원으로 연못의 타일 장식만 원본으로 남아있고 후에 오렌지 나무를 심는 등 재건한 것이다. 두 번째, '파티오 데 라 알베르카' 연못의 정원은 바닥의 일부만 오리지널이다. 1930년대에 와서야 복원 작업이 이루어졌는데 알함브라의 나사리 건축에 대한 높은 수준의 이해가 있었던 덕에 훌륭한 결과를 얻을 수 있었다는 평가이다.

말라가 인근

프리힐리아나, 하늘과 바다 사이

말라가에서 해안도로를 따라 자동차로 약 50분을 가면 오른쪽 바닷가 방향으로 네르하, 왼쪽 산악지형 방향으로 프리힐리아나로 가게 된다. 먼저 프리힐리아나로 향한다. 가파른 오르막길이 구불구불 이어지는데 15분쯤 그 길을 가다보면 애플망고, 아보카도, 치리모요 등이 자라고 있는 산악 농지가 발 아래 펼쳐진다. 산 중턱의 경사면에 있는 프리힐리아는 전형적인 안달루시아의 하얀 마을로 다닥다닥 붙어있는 작은 집들이 강렬한 태양빛을 받아 쨍하게 눈이 부시고 청명한 하늘과 대비되어 더욱 선명하다.

아열대 기후 덕에 다양한 열대 과일을 재배하고 수차례에 걸쳐 안달루시

아에서 가장 아름다운 마을로 선정되면서 많은 관광객들을 불러 모으고 있는 프리힐리아는 관광산업의 성장과 함께 이웃 마을에까지 생기를 불어 넣고 있다. 십여 년 전까지만 해도 이 지역의 전통 농업은 사탕수수가 주를 이루었고 더 거슬러 올라가면 뽕나무가 풍부하여 비단 생산을 하였으나 높아진 인건비로 인해 사업성이 현저히 떨어지는 상황에 직면해 지금은 사라지고 말았다.

마을에 도착해 원형 로터리 옆에 있는 주차장에 차를 세우고 나오니 맑은 공기가 상쾌하고 일단 눈이 부시다. 말라가에서는 다른 어느 지역보다 선글라스가 필수템이다. 로터리의 오른쪽 인헤니오 광장에는 집 모양의 작은 부스가 있는데, 그 안에는 앵무새와 사람 모양의 자동장치가 있어 동전을 넣고 언어를 선택하면 마을의 역사를 옛날이야기 형식으로 설명해 준다. 한국어 선택도 가능한데 이제는 한국 관광객이 그만큼 많아졌으니 신기한 일도 아니다. 이 깜찍한 기계 장치는 프리힐리아나와 사랑에 빠진 한 독일인 예술가가 만들었다고 한다.

부스 앞 길 건너편에는 거대한 건물 하나가 우뚝 서 있다. 유럽에 남아 있는 유일한 사탕수수 꿀 공장으로 '엘 인헤니오(El Ingenio)'이다. 약 300년 동안 공장으로 운영되었는데 건물 자체는 16세기의 것으로 그보다 더 오래되었다. 건물의 앞 벽면에 타일 장식이 있는데 공장의 작동이 멈춘 2001년까지 약 천 년 동안의 역사를 설명하고 있다. 이 반도에서 생산된 사탕수수의 재배, 수확 및 설탕 생산 과정 등이 그림과 함께 설명되어 있다. 관광산업의 발달과 함께 사탕수수 꿀은 레스토랑뿐 아니라 관광객에게도 점점 인기를 더해가고 있는 이 지역 특산품이 되었다. 레스토랑에서는 샐러드와 튀김 요리에 살짝 끼얹어 맛과 멋을 더함으로써 미식가들의 사랑을 받는다.

구시가지의 메인거리 까예 레알을 걷는 것은 그 자체가 즐거움이다. 거리의 양쪽을 빼곡히 둘러싼 하얀 집들이 미로를 만든다. 이 마을에서 특히 눈에 띄는 것은 타일 장식인데 마을의 이정표를 비롯해 모든 상점의 간판들이 각각

엘 인헤니오

의 특성에 맞는 문양의 타일로 장식되어 있어 이를 보는 것만으로도 큰 즐거움이다. 파스텔 톤으로 채색된 낮고 작은 문이 있는 집들과 상점들, 그 문 앞에 갖가지 식물을 심은 화분들이 놓여있고 앙증맞은 창문엔 꽃 화분들이 걸려있어 여행자들의 눈길을 사로잡는다. 걷다 보면 초록의 산과 농지로 둘러싸인 하얀 마을 풍경 너머로 7km쯤 떨어져 있는 바다가 한눈에 내려다보이는 전망대가 불쑥 나타나기도 한다.

걷다보면 모스크 첨탑을 연상하게 하는 높은 종탑과 함께 산 안토니오 성당이 나타난다. 내부에서 눈에 띄는 것은 유리상자 안에 전시되어 있는 12사도의 가면으로 이 가면들은 세마나 산타 기간에 사용된다고 한다. 얼굴 12개가 나란히 전시되어 있는 모습은 어느 곳에서도 본 적이 없는, 기괴한 느낌마저 드는 광경이라 특히 기억에 남는다.

by andalucia.org

성당의 왼쪽 골목 까예 엘 가랄을 지나 좁디좁은 골목들이 얽혀있는 미로 속으로 들어가 보자. 그중 까예혼 데 라 인키시시온에는 오래된 분수 하나가 있다. 이 분수에는 수 세기 동안 알 안달루스에서 공존했던 기독교인, 무슬림, 유대인의 상징인 십자가, 초승달, 다윗의 별이 나란히 새겨져 있다. 마을에 들어와 첫 번째 만난 로터리에도 역시 같은 문양이 장식되어 있는 것으로 보아 서로 다름의 조화로운 공존에 대한 그리움이랄까, 또는 단순히 평화주의랄까… 어쨌든 이것이 이 마을의 정체성임을 표현하고 있다. 매년 8월에는 세 종교의 문화 축제가 열리는데, 중세 복장을 한 주민들이 화려한 퍼레이드를 펼치고 갖가지 음식을 선보이는 노점상들이 들어서고 다양한 콘서트가 열린다. 이 시기에는 마을 주민들뿐 아니라 외지에서도 많은 관광객들이 찾아와 한데 어울려 축제를 즐긴다.

까예 엘 가랄에서 가파른 계단을 오르면 '바리 바르토'라 불리는 윗 마을길로 이어진다. 메인 도로가 반듯하게 정리된 느낌이라면 윗마을 길은 전통적인 건축 형태를 그대로 보존하고 있다. 경사진 언덕바지에 세워졌기 때문에 집집마다 문으로 올라가는 경사로가 있고, 울퉁불퉁한 바위를 그대로 건축의 일부로 받아들였음을 볼 수 있다. 간혹 건축물의 모서리에 항아리 화분을 매립해 놓은 것을 볼 수 있다. 이는 낮 동안 강렬한 햇빛에 달구어진 열기를 식히

고 동시에 건축물의 미관까지 고려한 것으로, 실용성과 아름다움을 동시에 추구한 안달루시아 지중해의 건축학적 지혜를 엿볼 수 있다.

까예 레알로 연결되는 아름다운 계단길 까예 싸카틴을 지나 까예 알타로 접어들면 또다시 타일 장식이 눈길을 끄는데 1569년 이곳에서 일어난 페뇽 데 프리힐리아나 전투에서 있었던 일을 간단한 설명글과 함께 그림으로 표현

한 것이다. 당시 카스티야 왕국 전역에서 무어인들의 반란이 시작되고 있었다. 난민이었던 프리힐리아나의 사람들은 기습해 온 6천 여 명의 카톨릭 병사들을 상대로 맹렬하게 저항했다. 타일이 설명하는 장면은 연자방의 맷돌을 통나무에 끼워 언덕 아래로 굴려 마을로 올라오는 카톨릭 군을 무찌르는 모습이다.

걷다보니 그 좁은 골목에서 잔뜩 짐을 실은 말을 이끄는 한 청년과 맞닥뜨리게 되었다. 미로와 같은 언덕이라 차가 들어올 수 없어 아직까지도 이곳의 유일한 운송 수단이란다. 옛것을 지키고 유지한다는 것은 어느 정도의 불편함 쯤은 감수해야 하는 것이리라.

이제 부터는 시원한 풍경이 펼쳐진다. 발 아래로 하얀 마을을 품은 산과 밭이 펼쳐지고 그 끝에 지중해의 푸른 바다가 보인다. 가던 길을 잠시 멈추고 깊은 심호흡과 함께 그림 같은 풍경을 감상해 보자. 한 레스토랑의 테라스에서

바라보는 풍경도 좋고, 까예혼 델 페뇽의 끝에 있는 전망대에서 보는 풍경도 아름답다. 전망대에서 지그재그로 내려오면 무어인 반란의 지도자의 이름을 딴 까예 에르난도 델 다라로 이어진다. 이 길을 따라 내려가면 다시 까예 레알로 연결되고 이곳에는 수공예품 등 다양한 기념품점들이 자리 잡고 있다. 마을 아래에는 작은 식물원이 있어 올리브 나무, 뽕나무, 사탕수수 나무 등 마을의 전통적인 농업 역사에 초점을 맞춘 아름다운 꽃나무들로 장식하고 있다. 사탕수수 꿀 공장 옆에 있는 전통가옥 까사 델 아페로에는 고고학 박물관이 있다.

유럽의 발코니, 네르하

프리힐리아나에서 내려다보이는 바닷가 마을 네르하까지는 자동차로 약 15분 거리이다. 아주 작은 어촌마을에 불과했던 네르하는 1960년대 유명한 동굴이 발견되면서 알려지기 시작했고, 70년대에 TV 연속 시리즈물 '베라노 아쑬(파란 여름)'이 전국에 방영되고 인기를 끌면서 유명한 휴양도시로 개발되었다. 점차 유명세를 타며 유럽의 여러 나라에서 많은 이주민이 들어와 현재 네르하 주민의 3분의 1 정도는 외국인이며 특히 영국과 독일에서 온 이민자들이 많다. 마을 초입의 까예 챠파릴을 지나면 토레씨야 해변으로 이어지는데 산책로를 따라 걷다가 모래사장으로 내려가 지중해 바다에 발을 적셔도 좋다. 시간이 허락한다면 하루쯤 머물면서 해수욕도 즐기고 해산물 요리를 마음껏 즐기면서 여행의 고단함을 내려놓기에 좋은 도시로 추천할 만하다.

까예 말라가를 따라가면 그 유명한 유럽의 발코니가 나온다. 원래는 해적들의 공격으로부터 도시 방어를 목적으로 대포를 배치하기 위해 만들어진 공간이다. 16세기부터 18세기까지 스페인 해안은 터키제국의 지원을 받은 북아프리카 해적들로부터 지속적인 공격을 받았는데, 해적들의 대부분은 스페인

에서 추방된 무어인의 후손들이었다. 반대로 스페인에서도 북아프리카 해안을 공격하면서 긴장과 갈등 관계가 이어졌다.

이제는 모두 옛날 일이고 오늘날 유럽의 발코니는 시원한 바닷바람과 함께 여유를 한껏 즐길 수 있는 평화의 공간이다. 언제나 거리의 악사들이 연주하는 음악이 활기를 더하고 햇빛을 받아 은빛으로 빛나는 바다를 배경으로 사진을 찍는 여행자들로 가득하다. 난간 옆에 서 있는 동상은 1885년에 이 지역을 방문했던 알폰소 12세를 기념하는 것이다. 그해에 있었던 대지진의 영향으로 많은 피해 지역이 발생했고, 왕은 전국을 돌며 그 피해 상황을 돌아보던 중 이곳을 방문하게 된다. 그때 왕이 이곳의 아름다움에 환호하며 '유럽의 발코니'라는 이름을 붙였다고 한다.

유럽의 발코니

 관광산업의 발달과 함께 많은 변형을 거친 네르하의 구시가지는 딱히 특별할 것은 없지만 잘 정돈된 쇼핑거리가 있어 좋은 가격에 질 좋은 다양한 상품들을 구매할 수 있고 여유롭게 구경하기에도 좋다. 바닷가 쪽으로 테라스가 있는 레스토랑을 찾아 자리를 잡고 앉아 아름다운 파노라마 전경을 즐기며 하는 식사도 근사하다. 해산물이 풍부한 도시인만큼 생선구이나 새우, 문어 요리, 해산물 빠에야 등이 좋고 그에 어울리는 화이트 와인도 빼놓을 수 없다.

 마을을 나와 A-7 해안고속도로를 따라 약 5km를 가면 유명한 네르하 동굴이 나온다. 동굴까지 왕복 운영하는 미니 열차도 있는데 시에서 운영하는 관광안내소에서 예약할 수 있으며 한국어를 포함한 다국어 오디오 가이드도 포함되어 있다. 동굴은 진입 가능한 곳까지만 해도 거의 10km에 달하며 여러 개의 구간으로 나누어 각각 이름을 붙여 놓았다. 첫 번째 방, 살라 데 카타크리스 모에는 세계에서 가장 큰 것으로 기네스에 기록되어 있다는 45m 높이의 석주가 동굴 중앙에 떡 하니 서 있어 눈길을 끌고, 이어서 높이와 넓이가 거대한 방 살라 데 벨렌으로 이어지는데 대형 발코니가 있어 이 방을 무대로 매년 7월에 국제 음악 및 댄스 페스티발이 열린다. 이 외에도 호모 사피엔스의 것으로 확인되는 선사시대 그림 등 약 2만 2천 년 전의 유적들과 안달루시 시대의 유물이 발견되었고, 중세까지 거주한 흔적이 남아있다.

왕의 오솔길, 까미니또 델 레이

　네르하에서 론다로 가려면 말라가주 전체를 횡단해야 하는데 약 160km 거리이다. 도시를 벗어나 고속도로 구간을 벗어나면 녹지대와 밀, 보리, 오렌지, 레몬, 올리브 등 다양한 농지로 구성된 구릉지대에 이어 산악구간도 지나게 된다. 2시간 가까운 긴 여정이지만 계속해서 변화하는 아름다운 풍경에 감탄하다 보면 지루할 새가 없다. 도중에 경로를 살짝 벗어나면 마법처럼 등장하는 왕의 오솔길 '까미니또 델 레이'를 들러보자. 협곡 양쪽에 수직으로 떨어지는 까마득한 절벽에 산책로가 매달려 있고 그 아래로는 거대한 구렁이가 기어가는 듯 계곡이 흐른다.

　네르하에서 론다로 향하는 도중에 아르달레스를 지나 약 27km 지점에서 우회전하여 지방도로(MA-5403)를 따라 6km를 가면 까미니또 델 레이에 도착한다. 초입의 레스토랑 근처에 주차하고 같은 방향으로 1km쯤 걷다보면 작은 터널이 나타난다. 터널을 지나 오른쪽으로 약 2.7km를 더 걸으면 까미니또의 북쪽 입구가 나타난다. 산책은 10m 정도의 좁은 협곡에서 시작해 협곡

에 매달린 약 3km 정도 길을 온몸으로 실감하며 걷게 되는데 잊을 만하면 폭포가 나타나고, 협곡 사이를 흐르는 과달오르세강으로 쏟아지는 물소리가 소란스러워 간담이 서늘하다.

조언: 까미니또 델 레이는 수용 인원이 제한되어 있어(하루 600명) 여행 출발 전에 미리 예약하는 것이 좋으며 8세 미만의 어린이는 입장 금지이다.(caminitodelreymalaga. com). 마지막 입장 시간은 여름은 오후 4시, 겨울은 오후 2시 30분이다. 투어에는 약 3~4 시간이 소요되며 종료 지점에서 출발 지점까지 되돌아오는 버스가 운영된다. 산책로는 단단하고 안전하게 조성되어 있기는 하지만 고소공포증을 가진 사람이라면 애초에 피하는 것이 좋다.

　웅장한 양쪽의 절벽이 뒤틀어지면서 가까워지는 구간 '따호 데 라스 팔로마스(비둘기들의 절벽)'을 지나면 '푸엔떼 델 레이(왕의 다리)'를 건너 반대편 절벽으로 이어지는데, 다리를 건널 때는 두 절벽 사이를 날고 있는 듯한 아찔한 느낌이다. 수로가 지나가는 작은 터널을 지나면 다시 협곡이 넓어지고 웅장한 '따호스 델 알모르총(성찬의 절벽)'으로 이어지며 다리와 터널을 관통하는 철길이 드러나 보인다. 개인적으로 가장 인상적인 구간은 100m가 넘는 깊이의 협곡 아래 풍경이 유리바닥을 통해 내려다보이는 '데스필라데로 데 로스 가이따네스(카디스인들의 행렬)'와 이어지는 구름다리까지로, 가장 아찔한 구간이었다.

　마지막 구간 '따호 데 라 엔깐따다(기쁨의 절벽)'에는 넓은 인공호수가 펼쳐지고 멋진 파노라마 전경이 탄성을 자아낸다. 스릴 넘치는 긴장감을 뒤로하고 기암괴석의 절벽이 이어지는 협곡, 그 사이를 흐르는 강, 파란 하늘과 둥둥

떠다니는 구름이 만들어 내는 자연의 아름다움을 만끽하게 된다. 까미니또의 남쪽 입구가 있는 마을 엘 초로까지 2.1km를 걸어가면 우리가 출발한 북쪽 입구까지 가는 셔틀버스를 탈 수 있다.

A-7286 도로를 타고 북쪽으로 약 6.5km를 이동한 다음 A-367 도로로 갈아타 우리의 다음 목적지 론다로 향한다. 밀, 보리밭으로 덮인 구릉지대와 뾰족한 바위 산악지대가 번갈아 나타나는데 이 지역은 19세기 반돌레로스(의적들)의 주 활동 무대였다고 한다. 자연스레 우리나라의 임꺽정과 홍길동 이야기가 떠오른다.

반돌레로스와 낭만주의 여행자들

19세기에 스페인 전 지역에서는 알록달록한 담요를 두르고 소총으로 무장한 무법자들이 등장하여 역마차를 강탈하는 활동을 벌였다고 한다. 이들을 '반돌레로'라 한다. 이 지역에서 활동하던 반돌레로들의 목표는 부자들로 몸값으로, 납치는 했지만 사람을 해치지는 않았다 한다. 또 당시 유행처럼 스페인을 방문하던 낭만주의 여행자들도 그 대상이 되었다. 낭만주의 여행자들은 투우와 플라멩코, 아름다운 갈색피부의 여인들, 이슬람 유적으로 가득한 안달루시아에 열광했는데, 특히 이미 유명한 이 산악지역의 무법자들과의 조우를 은근히 기대하기까지 했다고 한다. 영어 또는 프랑스어를 구사하는 상류층 여행자들은 넉넉한 돈이 든 가방을 따로 가지고 다니며 반돌레로를 만나면 건네주며 만족했다 하니, 그것마저 여행의 색다른 에피소드가 되었던 것이다. 대표적인 반돌레로인 호세 마리아 엘 템프라니요는 부자들을 강탈하여 가난한 이들에게 나누어 주는 정의로운 이로 알려져 시민들의 보호를 받았다고 한다. 경찰이나 시민 경비원이 숨어 있는 곳을 귀띔해주곤 했는데, 그들에게 발각되면 대부분 교수형에 처해졌기 때문이다. 그러나 이 무법천지가 계속되어서는 안 된다는 판단으로 템프라니요와 그 무리가 왕의 용서를 대가로 산을 떠나기로 합의하고, 한때는 자신들의 동료였던 반돌레로스를 잡는데 협력하며 이들의 신화는 종말을 맞이하게 된다.

painted by Manuel Barron y Carrillo, 1869

거대한 바위도시 론다

론다에 가까워지면 굴참나무 숲이 도로 양쪽으로 길게 이어진다. 그 길이 끝나는 곳에 등장하는 도시 론다는 광활한 녹지 너머 거대한 바위산에 둘러싸여 있는, 해발 740m 높이의 고원에 위치한 작은 도시이다.

우리의 산책은 키 큰 나무들이 줄지어 서 있는 알라메다 공원에서 시작한다. 공원은 고원의 가장자리에 있어 그 끝은 깊은 낭떠러지로 이어지고 그 아래로는 구불구불 강이 흐르며, 강 건너에는 포도밭 등의 과수원과 비옥한 농지로 덮인 구릉이 펼쳐진다. 구릉을 감싸고 있는 포플러 숲 뒤로 높은 바위산이 병풍처럼 펼쳐져 있는데, 마침 붉게 물들어 가는 해넘이 풍경이 장관이다. 이 같은 풍경이 낭만주의 여행자들을 매료시켰으며, 그 끝에는 20세기 최고의

독일 시인으로 꼽히는 라이너 마리아 릴케(Rainer Mria Rilke, 1875-1926)가 있었다. 1912년 이 도시를 여행하던 시인은 이 벼랑 끝에 있는 빅토리아 호텔에 머물며 매일 아침 아름다운 광경을 감상하고, 이곳에서 영감을 얻은 작품들을 썼다고 한다.

푸엔테 누에보(새로운 다리)를 향해 가는 길에 검은 황소 조각상과 함께 둥근 투우장이 있는 마에스트란사 광장을 지나게 된다. 투우장의 반대편으로 돌아가 보면 두 점의 투우사 조각상이 서 있다. 신고전주의 양식으로 가장 오래된 투우장이며 섬세한 철제 장식과 기둥으로 둘러싸인 원형의 투우장은 스페인에서 가장 아름다운 투우장으로 꼽힌다. 이 투우장은 1785년에 당시 론다 출신의 전설적인 투우사 페드로 로메로(1754-1839)가 개장한 것으로, 그는 단 한 번의 사고 없이 5천 마리 이상의 황소를 상대로 승리했다고 한다.

투우, 문화와 잔혹함 사이

스페인, 특히 안달루시아를 대표하는 문화로 플라멩코와 함께 투우를 꼽는다. 물론 당사자들의 견해와는 별개다. 투우는 겁에 질린 동물을 극한의 상황으로 몰아 그 잔혹성을 끌어내어 인간이 목숨 걸고 그 힘을 제압해 내는 과정이다. 메인 투우사 외에도 그의 조수격인 반데리예로스(깃발맨)와 삐까도레스(찌르는 사람)가 참여하는데, 먼저 반데리예로스가 황소에게 다가가 화려한 깃발로 장식된 가느다란 창을 목덜미에 꽂으면 삐카도레스가 두꺼운 안장으로 보호된 말을 타고 등장하여 소에게 다가간다. 이때 소는 말을 공격하게 되는데 그 틈을 타 날렵한 창을 소의 등에 꽂아 넣는다. 그렇게 상처를 입혀 피를 흘리게 함으로써 힘을 빼고 투우사가 황소를 장악하기에 용이하도록 돕는다. 이때 아름다운 몸매에 화려한 복장의 투우사가 등장하여 빨간 천으로 소를 농락하는 퍼포먼스를 보여준 후 결정적으로 급소를 찌르면 소는 죽고 소위 '축제'는 끝이 난다. 현재 투우를 자신들의 문화로 열렬히 지키려는 사람들은 투우가 사라지면 아름다운 황소 역시 사라지게 될 것이라는 이론을 내세우고 있지만 대다수의 스페인 사람들은 투우를 반대하는 분위기인데, 특히 청년층을 중심으로 투우는 문화가 아니라 불법적인 고문이라 규정하고 중단을 요구하는 기류가 점점 더 확산되어 가고 있다. 머지 않아 투우가 역사의 뒤안길로 사라질 수도 있을 것 같다.

검은 황소 조각상 앞에서 이어지는 작은 정원 입구에 어니스트 헤밍웨이와 오슨 웰스의 흉상이 있다. 론다의 아름다움과 투우의 열렬한 전파자였던 이 두 미국인에 대한 기억이자 경의의 표현이다. 주변에는 살찐 고양이들이 햇볕을 쬐며 관광객들과 밀당을 벌이고 있고, 안쪽에 있는 팔각 캐노피는 거리의 악사들의 무대가 된다. 음악에 이끌린 관광객들이 모여들고 절벽 끝에 아슬아슬하게 매달려 있는 발코니에서 발 아래로 펼쳐지는 파노라마 풍경을 배경으로 사진 찍는 모습이 왁자하다.

조경이 잘 된 산책로를 지나 론다의 파라도르를 돌아가면 그 끝에는 까마 득한 협곡 사이로 과달레빈강이 무질서하게 흐르며, 마침내 그 협곡을 잇는 누에보 다리가 나타난다. 1751년에 시작되어 1793년에 완성된 이 다리는 신고전주의 양식의 위대한 건축물로 계곡에서 추출한 석재 블록으로 견고하게 지어졌으며, 주변 풍경과 완벽하게 조화를 이룬다. 낭만주의 시대에 한때 자살이 유행처럼 번졌는데 그때 많은 외국인들이 세상에서 가장 아름다운 곳에서 죽겠노라고 이 다리를 찾아와 자살을 했다고 한다.

　　다리를 건너 왼쪽에 있는 발코니로 가면 이 다리의 또 다른 얼굴과 함께 반대편 풍경이 펼쳐지는데 역시 넓게 펼쳐진 녹지대와 그 끝의 산악 풍경이다. 발코니를 나오면 구도심이 시작된다. 한 건축물의 벽면에 19세기 론다 신화를 형성한 낭만주의 여행자들을 기억하는 간단한 문장들과 함께 론다의 풍경을 묘사한 타일장식이 있다.

　　옛 이슬람 메디나의 좁은 골목골목에 궁전, 수녀원, 성당들이 포진되어 있다. 까예 테노리오를 따라가 그 길 끝에 위치한 마리아 아욱실리아도라 광장은 절벽 아래로 내려가는 길이 시작되는 지점이다. 지그재그로 나 있는 길을 따라 내려가면 누에보 다리를 정면에서 볼 수 있는데 마치 커다란 얼굴을 마주하고 있는 느낌이다. 다리 위쪽의 양쪽 아치는 눈 같고, 중앙에 큰 아치는 코, 그 코 아래 작은 아치에서 뿜어내는 폭포는 마치 거인이 입으로 물을 뿜어내는 형상이다. 다리를 중심으로 양쪽 절벽 위에 늘어선 하얀 집들과 다리 반대편의 아름다운 자연이 어울어진 풍경은 거칠고 웅장하면서도 평화로운 도시 론다만의 매력이다.

절벽 아래로 내려가는 길

내려온 길을 천천히 올라 근처에 있는 몬드라곤 궁전으로 향한다. 이 궁전은 론다의 고고학 박물관으로 이 지역의 선사시대 주민들의 삶의 모습을 모형으로 재현해 놓고 있다. 건물 자체로 흥미로운데 섬세한 내부 파티오와 계곡이 내려다보이는 아름다운 정원이 있다. 두 개의 14세기 나사리 궁전을 카톨릭 이후 개조한 것으로 고딕, 무데하르, 르네상스 및 바로크 양식이 혼재되어 있다.

구도심의 중앙광장 격인 두께사 파센트 광장은 론다의 주요 건축물로 둘러싸여 있다. 그중 눈에 띄는 건물은 산타 마리아 라 마요르 성당과 시청으로, 두 건물에서 공통적으로 보이는 아치가 광장을 건축적으로 통합하고 있다. 세마나 산타와 크리스마스 같은 대중과 함께하는 주요 이벤트가 이 광장에서 열릴 뿐 아니라 레스토랑들의 테라스와 나무 그늘 시원한 정원은 이웃들의 사교의 장이 된다. 두 건물 사이로 열려있는 길을 내려와 구도심의 메인도로 까예 아르미냔을 건너 반대편 성벽으로 이동한다.

시청 건물 by andalucia.org

아르미냔 거리에는 반돌레로 박물관이 있는데 그 의적들이 사용했던 무기나 복식과 함께 그들의 활동 내용과 그 의미에 대한 설명을 담은 패널 등을 전시하고 있다.

박물관 아래로 보이는 좁은 계단을 따라 내려가면 중세 성벽으로 이어진다. 론다의 북쪽과 서쪽은 협곡으로 둘러싸여 성벽 역할을 했고 동쪽과 남쪽은 이 성벽으로 보호되었다. 성벽을 오르면 광활한 녹지가 발아래 펼쳐지고 오른쪽에는 우뚝 솟은 성과 함께 사그라도 코라쏜 성당의 모습이 구도심의 실루엣을 완성한다.

성벽을 따라 내려가면 스페인에서 가장 잘 보존된 아랍식 목욕탕을 지나게 된다. 세 개의 방이 있는데 차가운 방, 따뜻한 방, 뜨거운 방으로 구분되며 보일러실과 물을 끌어 올리던 물레방아 및 물을 공급하던 수로의 잔해가 남아있다.

아랍 목욕탕을 나와 계단을 오르면 '푸엔테 비에호(오래된 다리)'로 이어진다. 다리에 올라보면 바둑판 모양의 건축물 잔해가 내려다보이는데 유일하게 남아있는 이슬람 시대의 가죽 공장 유적이다. 깊은 협곡은 여기서 시작되며 다리 밑을 흐르는 과달레빈강은 느리게 흘러 거인의 입을 통과하고 바다를 향해 긴 여정을 떠나게 될 것이다. 누에보 다리가 세워지기 전에는 협곡으로 나누어진 양쪽 땅을 이 다리가 이어주고 있었다.

다리 건너에는 고딕식 문과 르네상스식 종탑이 있는 빠드레 헤수스 성당이 있다. 이를 기점으로 새로운 도시의 확장이 시작되었다. 다리에서 구도심 방향으로는 역시 18세기에 세워진 펠리페 5세의 문이 보이는데 이 문을 지나 조금 더 올라가면 독특한 두 개의 건축물이 있다. 첫 번째는 살바티에라 르네상스 궁전으로, 콜럼버스 이전의 미대륙에 있었을 법한 외관의 건축물로 위층에 잉카 인디언을 대표하는 4명의 아틀란티스인 형상이 조각되어 있다.

살바티에라 궁전

조금 더 올라가면 까사 델 레이 모로(무어인 왕의 집)가 있다. 협곡에 면해 세워진 이 건물은 18세기 건물이었으나 20세기 초에 신 무데하르 궁전으로 탈바꿈했다. 이 건물의 소유주였던 파센트 공작부인에게 낭만적인 정원 조성을 주문받은 유명한 프랑스의 조경사 포레스띠에는 물과 초목으로 둘러싸인 계단과 그 주변에 계단식 공간을 배치하였다. 이 건축물은 '안달루시 정원에서 영

감을 받은 지상낙원의 탄생'이라는 최고의 호평을 받는다.

그 외에 이 건축물에서 눈여겨 볼 것은 중세 수광산인데, 절벽을 이루고 있

는 거대한 바위를 뚫어 60m 아래의 강바닥으로부터 물을 길어 올리는 시설이다. 200개가 넘는 계단이 강까지 이어지고 그 끝에는 물레방아가 설치되어 있다. 스페인에서는 유일한 형태의 건축물인데 원래는 군사시설이었다. 이 수광산은 14세기에 모로코 군대가 건설한 것으로, 1331년 나사리 왕국의 무하마드 5세가 카톨릭 세력과의 전투를 도왔던 모로코 왕에게 대가로 론다를 양도하면서 1339년까지는 모로코 왕의 소유였다. 수광산은 나사리 왕국이 론다를 다시 돌려받은 이후에도 조여 오는 카톨릭군으로부터 도시를 방어하기 위해 유용하게 사용되다가, 1485년 카톨릭 세력이 수광산을 점령하고 물을 끊으면서 론다도 함락당하게 된다.

다시 누에보 다리를 건너 신도시로 돌아와 론다의 상업 중심거리 까레라에스피날을 걷다 보면 왼쪽으로 신도시의 중앙광장 격인 쏘코로 광장이 열린다. 광장의 중앙에는 안달루시아 지방 정부의 두 가지 상징이 있다. 흰색과 녹색의 안달루시아 깃발과 두 개의 기둥 사이에서 두 마리의 사자를 제압하고 있는 헤라클레스 동상이다. 두 개의 기둥은 유럽과 아프리카 두 대륙, 헤라클레스는 두 대륙 사이의 지브롤터 해협을 건너는 헤라클레스를 나타낸 것으로, 이 장면을 묘사한 것이 바로 안달루시아의 문장이다. 바로 뒤에는 1918년 안달루시아 자치정부 지지자들의 첫 만남이 이루어졌던 건물, 엘 카지노가 있는데, 지금은 레스토랑과 플라멩코 공연장이 들어서 있다. 이 회의에서 깊은 역사적 뿌리와 뚜렷한 문화적 특성을 가진 안달루시아의 자치권의 정당성을 선언했으며 앞서 설명한 문장과 깃발도 이때 채택하였다. 그러나 공식적으로 자치권이 인정되기까지는 그 후로도 63년이 더 걸렸는데, 잦은 정치적 격변과 프랑코 장군의 독재를 겪어야 했고 두 차례의 국민투표를 거쳐 1981년 마침내 안달루시아 자치권이 승인되었다.

쏘로코 광장 by Daniel Fruela, commons.wikimedia.org

쏘코로 광장과 그 주변 거리에는 레스토랑과 테라스가 가득하다. 유명한 소꼬리찜이나 론다식 토끼고기 요리 등 론다의 특선 요리를 맛볼 수 있는데, 두 요리 모두 현지에서 생산한 고기와 야채를 넣어 저온으로 조리한 음식이다. 좀 더 가벼운 요리는 콩류와 아티초크 등 다양한 야채를 넣고 모르씨야(스페인식 순대)를 곁들인 론다식 스튜가 있다.

'라 볼라'라고도 불리는 보행자 전용 거리 까예 에스피넬은 기념품점을 비롯해 의류, 식료품 가게 등 각종 상점들로 가득 차 있어 쇼핑하기에 좋다. 론다는 작은 도시지만 주변의 넓은 산간지역에 포진해 있는 작은 마을들을 아우르는 상업 중심지로 경제가 매우 활성화되어 있다.

헤날 계곡을 따라 남쪽으로 가면 작은 마을 '후쓰카르'가 있는데 밤나무 숲과 올리브 나무 밭으로 둘러싸여 있고 모든 집들이 하늘색으로 칠해져 있어 일

명 '스머프 마을'로 불리며 많은 관광객들을 불러 모으고 있다.

또 다른 마을 '세테닐'은 카디스주에 속해 있지만 론다와 매우 가깝다. 협곡 사이에 형성된 마을로 많은 집들이 거대한 바위를 지붕삼아 지어져 있는 독특한 건축 형태로 유명하다.

마지막으로 거대한 에메랄드빛 호수를 끼고 있는 산꼭대기의 하얀 마을 '싸아라 데 라 시에라'는 마을을 둘러싼 산과 호수가 조화를 이루는 파노라마 전경이 장관이다.

모든 길은 로마로 통한다 했던가. 안달루시아의 심장부에 있는 론다가 그렇다. 말라가로, 세비야로, 카디스로, 그라나다로, 알헤시라스로 길이 열려있어 안달루시아의 모든 도시에서 경유하기에 좋은 곳이다.

저자협의
인지생략

당신이 꿈꾸던 스페인의 스페인

스페인 남부,
안달루시아 건축 산책

1판 1쇄 인쇄 2022년 4월 10일
1판 1쇄 발행 2022년 4월 15일

—

지 은 이   **이미랑 · Jesús Cano Henares**
발 행 인   **이미옥**
발 행 처   **J&jj**
정   가   **17,000원**
등 록 일   **2014년 5월 2일**
등록번호   **220-90-18139**
주   소   **(03979) 서울 마포구 성미산로 23길 72 (연남동)**
전화번호   **(02) 447-3157~8**
팩스번호   **(02) 447-3159**

—

ISBN 979-11-86972-93-9 (03920)
J-22-01

J & jj
제이 앤 제이제이